나는 예민한
엄마입니다

두 발을 딛게 도와주신 상담 선생님
곁을 지켜준 고마운 친구들
마음 둘 곳이 되어준 하니카페
날이 갈수록 더 깊이 사랑하는 우리 엄마, 아빠
또 하나의 가족이 되어주신 시부모님
가족 그 이상인 희꿍이, 희망이
영원한 내 첫사랑, 내 동생
영원할 내 끝사랑, 우리 남편
어떠한 수식어를 붙여도 모자란
존재만으로 귀한 보석 같은 우리 아들
그리고 이 모든 여정에 함께해 주신
하나님께 감사를 표합니다.

Special thanks to
고마운 은영이, 너 없인 못 버텼을 거야!
(유튜브: 작은 책장 Little Bookstack)

나는 예민한 엄마입니다

송희재 지음

북드림

| 프롤로그 |

**육아는
원래 힘들다**

    엄마라고 불리는 우리 대부분은 아이를 잊고 자신의 삶에 몰두할 수 있을 만큼 매몰차지도, 자신을 잊고 아이에게만 몰두할 수 있을 만큼 희생적이지도 못하다.
    사실은 때로는 미치게 우울하고 때로는 격하게 행복하며, 내가 미쳐가나 싶을 만큼 널을 뛰는 감정을 다독이며 살아간다. "엄마 마음부터 챙겨야 한다!"를 외치다가도 아이의 얼굴이 눈에 밟히고, '아이에게 집중하자.'고 다짐하면서도 시들어가는 자신의 마음도 돌보고 싶은, 오늘도 아이의 생활과 내 생활을 저울질하며 어떻게든 자신을 잃지 않으려고 아등바등하는 나와 같은 엄마들을 위해 이 책을 썼다. 특별히 더 예민한 엄마들을 위한 책이지만, 엄마라면 누구나 아이를 키우며 내면의 예민함이 올라오기 마련이므로 모든 엄마를 위한 책이기도 하다.

"이렇게 하면 육아가 엄청 편해져요!", "이렇게 안 해서 육아가 힘든 거예요!"

솔직히 말하면, 육아에 이런 마법 같은 솔루션은 없다. 육아는 기본적으로 나의 욕구보다 아이의 욕구를 우선하는 일이기 때문에 힘든 것이 당연하다. 효율을 높이려 이런저런 노력을 해보지만 그런다고 '육아 헬'이 '육아 헤븐'이 될 수는 없다. 자기 희생이 기본 전제인 엄마의 삶은 그렇게 단순하지 않다.

"엄마도 행복해야 해."란 말은 오히려 큰 부담으로 다가왔다. 이렇게 저렇게 하면 애도 잘 키우고 엄마도 행복할 수 있다니, 엄마가 행복해야 아이가 더 잘 자란다니, 아이를 위해 자신의 행복을 희생하는 건 어리석은 엄마라니…! 행복조차 강요로 느껴졌다. 그래, 엄마도 행복하면 좋지. 누가 행복하기 싫어서 안 행복한가. 하지만 엄마라는 자리는 본질적으로, 적어도 특정 기간에는 어느 정도의 불행도 껴안을 수 있어야 한다. 어느 정도 '버티는' 시간이 필요하다. 그걸 인정하는 것이 차라리 마음 편하다.

육아가 힘든 이유? 실제로 힘들기 때문이다. 그냥, 원래, 본질적으로 힘들다.

이것을 받아들이는 데까지 왜 이리 오래 걸렸을까? 육아의 힘듦을 타파해 보려 무던히도 애썼지만, 아이러니하게도 가장 도움이 된 것은 '육아가 힘들다는 사실을 수용하는 것'이었다. 그 사실을 온전히 받아들이고 나서야 비로소 나아갈 방향이 보였고, 다시 내 인생의 주인이 될 수 있었다. 그것도 한층 더 깊이 있게.

> *"신이시여!*
> *제가 바꿀 수 없는 것은*
> *받아들일 수 있는 평온함을 주시고,*
> *제가 바꿀 수 있는 일을 위해서는*
> *도전하는 용기를 주시며,*
> *그리고 이 둘을 구분할 수 있는*
> *지혜를 주소서!"*
>
> 「성 프란치스코의 기도문」 중에서

모든 엄마와 공유하고픈 기도문이다. 바꿀 수 없는 것은 있는 그대로 받아들이자. 육아는 원래 힘들다. 아이의 기질, 나와 남편의 기질, 코로나19 같은 돌발 상황, 부족한 시간, 제한된 자유 등은 내가 바꿀 수 없는 현실이다. 그렇다면 우리가 할 수 있는 일은 바꿀 수 있는 것에 집중하는 것이다. 에너지가 누수되는 구멍을 찾아내는 것, 매일매일 작은 행복 조각들을 찾고 끌어모으는 것.

이 책을 쓴 나도 여전히 고민하고 힘들어하고 헤매는 똑같은 엄마일 뿐이다. 그러나 긴 터널을 지나면서 얻은 깨달음을 공유하고 싶었다. 조금 덜 불안하게 마음을 관리하는 법, 조금 덜 우울하게 상처를 치유하는 법, 조금 더 웃을 수 있게 일상을 관리하는 법, 조금 더 성장할 수 있게 내면을 성찰하는 법, 조금 더 편안하게 아이를 사랑하는 법….

백 방울의 원망과 천 방울의 불안 속에서도 틈새 행복을 찾으려 애쓰는, 엄마들 한 사람 한 사람의 삶이 영화 같다는 생각을 한다. 힘든 게 당연하다고, 잘 하고 있다고 응원을 건네고 싶다. 피할 수 없는 발버둥의 과정을 통해 진정 '나다운' 삶을 살게 될 거라고. 아무나 갖지 못하는 기회가 주어진 거라고. 앞서간 대단한 선배 맘이 아닌 같이 걷는 동료 맘으로서 당신 마음에 공감하고 싶다.

| 차례 |

프롤로그 육아는 원래 힘들다 • 4

1장 | 사랑하지만 지친다 • 12

모든 잘난 척이 무너진다 • 15 | 애 엄마라 포기해야 하는 것 • 19 | 아이가 엄마를 골라 온다는 말 • 23 | Too much 육아 공부 will kill you • 28 | 네가 완벽히 행복할 수 없음을 • 32 | 엄마로만 사는 시간 • 37 | **tip** 이성이 무너질 때 마음을 다스리는 법 • 40

2장 | 나를 알아가다 • 42

불안한 엄마라면 • 44 | **tip** 불안도가 높은 엄마가 주의해야 할 것 • 48 | 민감하고 감성적인 엄마라면 • 49 | **tip** 민감하고 감성적인 엄마가 주의해야 할 것 • 53 | 완벽주의 엄마라면 • 54 | **tip** 완벽주의 엄마가 주의해야 할 것 • 59 | 감각이 민감한 엄마라면 • 60 | **tip** 감각 스트레스를 줄이는 환경을 만드는 법 • 63 | 생각이 너무 많은 엄마라면 • 64 | **tip** 육아하며 무료한 뇌를 달래는 방법 • 67 | 열정이 넘치는 엄마라면 • 68 | **tip** 열정 넘치는 엄마, 이것만은 꼭! • 72

3장 | 우울의 바다에 빠지다 • 74

내가 육아 우울증이라니 • 76 | 육아 우울증을 꼭 치료해야 하는 이유 • 81 | 우울하지 않아도 우울증일 수 있다 • 86 | 우울증 약, 꼭 필요할까 • 90 | 예민한 엄마, 우울증에 더 취약하다 • 96

4장 | 마음속 블랙홀에서 벗어나다 • 100

개척자가 된 요즘 엄마들 • 102 | 육아가 힘들었던 진짜 이유 • 108 | 내 안의 어린아이를 돌보자 • 111 | 심리 상담으로 찾은 안전 기지 • 115 | 네 잘못이 아니야 • 120 | 스스로의 친구가 되어주자 • 126 | **tip** 자신과 친구가 되는 연습을 하자 • 131 | 느끼기 그리고 흘려보내기 • 132

| 차례 |

5장 |
있는 그대로 받아들이면 자유롭다 • 138

내 로망과 다른 너 • 140 | 너를 있는 그대로 사랑해 • 146 | 기억은 정서와 함께 저장된다 • 150 | **tip** 아이의 강점을 보자 • 154 | **tip** 기질을 비난하지 말고 행동을 조절해 주자 • 155 | 너를 위한 단 한 사람 • 156 | 불안한 아이에겐 극애착 육아 • 162 | 분리 불안이 아닌 그대로의 사랑 • 167 | 있는 그대로의 나를 사랑해 • 172 | **tip** 남편과 내면 아이에 대한 이야기를 시작하는 방법 • 175 | 아이가 주는 기회를 놓치지 말자 • 176 | 이만하면 꽤 좋은 엄마 • 180

6장 | 지금 이 순간을 살다 • 186

지금 이 순간, 여기 이곳 • 188 | **tip** Here and Now를 사는 법 • 192 | 받아들임의 미학 • 193 | 나랑 다시 친해지기 • 196 | 적극적 행복 세팅 • 200 | 적극적 불행 퇴치 • 205 | 슬기로운 SNS 생활 • 210 | 무엇도 당연하지 않다 • 215

7장 |
비로소 어른이 되다 • 220

내면 아이, 그 이후 • 222 | 내가 내 부모를 원망했듯 • 226 | 그때의 최선이었음을 • 230 | 당신도 외로웠겠다 • 234 | 남편과 나는 한 팀 • 240 | 사람이 온다는 건 • 245

8장 |
육아는 나를 찾는 시간이었다 • 250

더 좋은 사람이 되고 싶어져 • 252 | 그저 삶으로써 보여주기 • 257 | 육아, 더 깊어지는 시간 • 262 | 나답게 나아가기 • 266 | 굿 이너프 라이프 • 271

에필로그 1 그리고 내일의 너 • 278
에필로그 2 너를 사랑하며 나를 사랑하게 되었어 • 282

모든 잘난 척이 무너진다 • 15
애 엄마라 포기해야 하는 것 • 19
아이가 엄마를 골라 온다는 말 • 23
Too much 육아 공부 will kill you • 28
네가 완벽히 행복할 수 없음을 • 32
엄마로만 사는 시간 • 37
tip 이성이 무너질 때 마음을 다스리는 법 • 40

사랑하지만 지친다

살다가, 살다가
정신을 차려보니
엄마가 돼 있었다.

모든 잘난 척이 무너진다

열심히 하면 되는 거 아니었어?

난 다를 줄 알았다.

임신부 시절, 나는 자신만만했다. 사랑하는 내 자식 키우는 게 힘들어봐야 얼마나 힘들까 싶었다. 언제나 열심히 살았으며, 열심히 한 만큼 잘 해내곤 했으니 육아도 똑같을 거라 생각했다.

육아가 힘들다는 건 최선을 다하지 않은 자들의 푸념이겠거니 했다. 난 임신 중에도 남편에게 과일 심부름 한 번 시킨 적 없는 씩씩한 여자였다. 아이도 잘 키울 게 분명했다.

민감한 감수성을 가진 나는 이미 모성애의 출발선부터가 달랐다. 아이의 태동을 느끼며 둘만의 교감이 너무 행복한 나머지 아이를 낳는 것이 아쉬웠을 정도이니 말이다. 아이를 처음 품에 안은 순간 오만 가지 감정이 몰려와 펑펑 울고 말았다.

처음 눈을 맞추던 순간 보석 같은 아이의 눈빛이 내 심장에 콕 박혔다. 처음 젖을 물리던 순간 엄마라는 사람으로 완전히 다시 태어난 기분이었다. 나는 아이의 우주였고, 아이도 나의 우주가 됐다.

진짜 육아가 시작되었다. 제대로 잠을 잘 수 없었고, 우는 아이를 달래느라 녹초가 되는 날들이 지속됐다. 예상하고 각오했던 육아 일상이었으니 놀랄 것도 없었다. 나는 이에 '열심히' 임했다. 먹이기, 재우기, 놀아주기 미션들을 하나씩 클리어한다고 생각하니 게임처럼 재밌게 느껴지기도 했다. 아낌없이 나의 열심을 쏟아부었다.

그런데 당황스럽게도 육아는 아무리 열심히 해도 성과가 나지 않았다. 잘 먹이고 재웠는데도 아기는 여전히 울었다. 왜 이렇게 잠을 못 잘까? 분명히 배부를 텐데 왜 자꾸 젖을 찾을까? 걸을 시기가 됐는데 왜 걷지 않지? 왜 마치 불안정 애착처럼 불안해할까? 아이는 고유한 존재였고 내 마음대로 되는 건 없었다. 하루하루 그 사실을 느낄수록 나는 당황했다.

그야말로 '멘붕'이었다. "말도 안 돼, 내가 이렇게 열심히 했는데! 열심히 해서 안 되는 게 어디 있어!" 하고 외쳐보아도 심지어 내 아이는 또래들보다 뒤처지고 있었다. 다른 아이들보다 더 못 잤고, 더 느리게 자랐으며, 더 많이 울었다.

육아의 8할은 재우기라고 하기에 나름대로 마음을 다지고 준비를 마쳐놓은 터였다. '밤새 여러 번 깬다고? 오케이, 난 밤샘 근무에 익숙하니까 문제없어.' '안 자고 버틴다고? 오케이, 그럼 재우려 안달하지 말고 놀아주면 되지.'

무지했던 나는 아기를 재운다는 게 얼마나 중요한 일인지 알지 못했다. 아기는 잘 자야 행복했다. 그리고 나는 그 미션에 번번이 실패했다. 체력도 정신력도 바닥나 버렸다.

모든 잘난 척이 무너졌다.
'열심히 하면 안 되는 게 어디 있어?'
그런데 육아는 열심히 하는 거랑은 별개더라.
'남들 다 하는 걸 설마 내가 못 하겠어?'
그런데 안 되더라. 남들 다 하는 걸 못 하기도 하더라.
'공부하고 준비하면 되잖아?'
그런데 안 되더라. 육아는 내가 통제할 수 없더라.

만약 나의 육아가 아주 수월했더라면 육아 때문에 힘들어하는 엄마들을 이해하지 못했을 것이다. 잠을 안 자는 아이 때문에 고생하는 엄마를 보며 '나처럼 하면 잘 자는데.'라고 생각했을 거고, 아이의 예민한 기질 문제로 어려워하는 엄마에게 '아이는 다 키우기 나름인데.'라며 자만했겠지. 말이 늦는 아이를 보면 엄마의 언어 자극이 부족했을 거라 넘겨짚고, 분리 불안이 있는 아이를 보면 애정 결핍이라 생각했을지 모른다.

생각만 해도 끔찍하다. 얼마나 교만했을까? '저처럼 키우면 다 이렇게 잘 자랍니다!'라는 말도 안 되는 주장을 하고 다녔을지 모른다.

육아란 무너지고 절망하고 견뎌내며 겸손을 배우는 과정이었다. 과정은 아팠지만, 덕분에 다시 일어서는 법을 배울 수 있었다. 분명 육아 이전과 이후는 다르다. 인생에서 가장 강렬했던 시기를 지나고, 이제는 나를 단련시켜준 그 시간에 고마움을 느낀다. 버텨준 나에게, 더 많이 배우고 자라준 나에게 고맙다.

애 엄마라
포기해야 하는 것

육아에는 통제감이 전혀 없다

'통제광(Control freak)'은 하나부터 열까지 병적으로 모든 걸 통제하려 드는 피곤한 성격을 가진 사람을 일컫는다. 모든 일상을 계획하고 계획한 대로 진행되지 않으면 크게 스트레스 받고, 남들도 내가 만든 기준에 맞게 행동하기를 원한다. 미국 드라마에서나 가끔 보았지 현실에서 쉽게 만날 수 있는 캐릭터는 아니다.

그런데 재밌는 건, 육아를 하다 보면 나도 모르게 통제광이 된다는 사실이다. 이러한 성향이 전혀 없던 사람도 말이다. 주말 계획이 어그러지면 짜증이 나고, 평소 살림에 별 관심이 없던 엄마도 육아 연차가 쌓일수록 흐트러진 집 안 꼴을 못 보게 된다.

나도 모르게 아이와 남편을 통제하려 드는 모습에 놀라기도 한다. 이런 성향이 생기는 것은 무엇도 계획할 수 없는 육아라는 환경이 너무 큰 스트레스로 다가오기 때문이다.

아이를 낳기 전엔 몰랐다. 뭐, 데이트? 영화 관람? 하이힐? 해외여행? 그 정도 포기하는 게 뭐 대수인가 싶었을 뿐이다. 그런데 아니었다. 애 엄마라 포기해야 할 건 그런 거창한 것만이 아니었다. 일상의 모든 소소한 것조차 제대로 할 수 없었다.

맘 편히 밥 먹을 자유, 화장실 갈 자유, 멍 때릴 자유, 청소할 자유, 요리할 자유, 커피 한 잔을 음미할 자유, 씻을 자유, 입고 싶은 옷을 골라 입을 자유, 뭔가를 쳐다볼 자유, 생각할 자유, 전화를 받을 자유, 어른과 대화를 나눌 자유, 그냥 숨 돌릴 자유조차 없었다.

잠시의 시간조차 내가 계획한 대로 할 수 없는, 내 삶을 내가 통제할 수 없는 상태가 되어버린 것이다.

연구에 의하면 자신이 삶을 통제할 수 있다고 생각할 때 사람은 안정감을 느끼고, 통제할 수 없다고 생각할 때 불안과 스트레스가 커진다고 한다.* 삶을 자유롭게 주체적으로 살다가 하루아

---

* 『아이에게 상처 주지 않는 습관』(이다랑 지음, 길벗)

침에 엄마가 된 우리들의 삶은 바로 이런 상태이다. 어린아이를 키우는 일이 그 어떤 일보다 힘든 이유는 노동의 강도나 난이도를 떠나 '통제감'이 없기 때문이다.

어디로 튈지 모르는 아이를 돌보며, 겨우 재워놓고도 언제 깨서 '엄마아!' 하고 부를까 대기하며… 그렇게 예측 불가능한 가시방석 같은 나날을 보내다 보니 나는 점점 피폐해져 갔다.

오죽하면 연필을 깎거나 설거지를 하는 등 약간의 통제감이라도 주어지는 때에 쾌감을 느낄 정도였다. 아이 없이 운전할 때면 체계적인 도로 시스템에 감동하여 황홀할 지경이었다. 빨간불이 들어오면 다 같이 멈추다니! 차선을 바꿀 때는 깜빡이를 켜고 들어오다니! 주차할 땐 모두가 네모 칸 안에 쏙 들어가다니! 이토록 질서정연할 수가!

아이가 유치원에 다니기 시작하면서 나만의 물리적인 시간이 생겼다. 하지만 온전히 나를 위해 그 시간을 만끽할 수 없었다. 모든 순간 머릿속에 마음속에 항상 아이가 있더라. 아이가 곁에 없는 시간조차도 나의 몸과 마음은 아이를 중심으로 움직이곤 했다. 그러지 말라던데, 뭐 맘대로 되나?

온전한 나로서 살아가는 삶은 잠시 접힌 상태. 언젠가는 아이가 내 삶에서 점점 멀어져 가겠지. 그때 나는 어떤 사람이 되어 있을까? 종종 외롭다는 기분이 들었다. 사실 애 엄마에겐 외로움도 사치다.

야리야리한 몸매에 웃음도 많고 발랄했을 왕년의 소녀들이 자신도 모르는 사이에 다들 억척스러운 아줌마가 돼가고 있겠지. 어느 날 문득 정신을 차려보니 너무 많이 변해 버린 거울 속 내 모습이 얼마나 낯설까.

한 사람을 키워낸다는 것은 쉽지 않은 일이다. 숨 막힌다고 말해도 괜찮다. 가끔씩 도망치고 싶다고 말해도 괜찮다. 힘든 걸 힘들다고 인정한다고 해서 아이를 사랑하지 않는 게 아니다.

육아가 힘들다고 하는 건 이미 많이 애쓰고 있다는 증거. 고민하는 엄마이기에, 노력하는 엄마이기에, 충분히 좋은 엄마이기에 힘든 것이다. 나처럼 생각이 많을 아줌마 동지들을 토닥토닥해 주고 싶은 날이다.

아이가 엄마를 골라 온다는 말

기질적으로 더 힘든 아이가 있다

아이를 키우면서 생명의 신비, 우주의 신비를 느낀다. 시력이 약한 갓난아이가 젖을 잘 찾아 물도록 하기 위해 엄마의 유두는 커지고 까매지며, 처음 만난 세상이 두려울 아기를 위해 모유에 진정 성분이 들어 있다니 정말 신비롭지 않은가. 조물주의 센스에 새삼 감탄하곤 했다.

아기도 생존에 필요한 여러 가지 반사 운동 능력을 타고나는지라 무언가 입에 닿으면 쪽쪽 빨고 발이 땅에 닿으면 걷는 시늉을 한다. 자연스럽게 알아서 세상 탐색을 시작한다.

아기의 등에 센서가 있는 것도 다 이유가 있다. 아기는 누워 있기를 좋아하면 안 된다. 끊임없이 어른의 관심을 받아야 살 수 있고, 계속 움직이려고 노력해야 뒤집기도 하고 배밀이도 하고 점점 온전한 사람으로 자라나니까. 그건 아기의 본능에 내재된 생존 전략이다.

유난히 잠을 못 자는 아이에게도 사정이 있다. 이런 아이는 특히 원시적 뇌인 편도체가 발달되어 있어 늘 위험을 감지할 준비 태세를 유지하기 때문에 깊은 잠에 들기 어렵다.

언제나 위협이 도사리고 있었던 원시 시대에서는 생존에 유리한 조건이었을 것이다. 잠자리에서 아기가 자연스레 엄마의 도움을 요청하는 것을 단순히 '나쁜 버릇'이라고 말하는 건 정말 틀린 생각이다.

갓난쟁이를 키우며 공부했던 육아의 '기술'들은 오히려 독이 되기도 했다. 내 식대로 자연스럽게 아이와 맞춰가는 것을 방해했기 때문이다. 아기가 먹고 자고 노는 일과를 규칙적으로 따르지 못하면 엄마의 잘못이라 여기는 분위기다. 하지만 1950년대부터 이어지고 있는 기질 연구에 의하면 아기의 '규칙성'은 태어날 때부터 타고나는 기질 요소다.

먹고 자는 시간이나 양이 얼마나 규칙적이고 예측 가능한지, 사회적 규칙에 얼마나 순응적인지를 나타내는 규칙성은 이미 영아기부터 개인차를 보인다. 규칙성이 낮은 기질의 아기들은 절대 로봇처럼 틀에 맞춰 키울 수 없다. 반대로 가장 인간적인 육아가 필요한 아이들이다.

유난히 손이 많이 가는 아이들이 있다. 부모의 도움이 필요한 아이들이다. '자극 민감성'도 아이마다 다르다. 자극에 대한 역치가 낮은 아이는 일반적인 환경에서도 남들보다 쉬이 지치고 각성되어 힘들어한다.

'반응 강도'도 신기하게 아이마다 다르다. 졸리거나 배고플 때 살짝 칭얼대는 아이가 있는가 하면, 고강도로 폭발하는 아이도 있다.

심지어 기본적인 '기분의 질'도 타고난다. 기본 정서가 명랑하고 쾌활한 아이가 있는가 하면, 시종일관 심각한 아이도 있다. '적응성'이나 '접근성'도 타고나는 기질 요소이므로 아이의 낯가림이나 등원 거부를 전적으로 양육의 탓으로 돌리는 사람은 바보다.

아기는 자기만의 속도에 따라 어느 순간이 되면 울지 않고 자고, 떼쓰지 않고 엄마와 떨어질 수 있다. 사실 아이가 자란다는 건 그냥 자연스럽다. 아이를 키우는 엄마의 모습도 자연스럽다. 아기가 울면 안아주고, 졸리면 재워주고, 불안해하면 젖을 물리는 것이 자연스러운 모습이다.

엄마의 본능에 이미 육아가 내재해 있는데 굳이 그걸 거스를 이유가 있을까. 책도 인터넷도 없던 시절에도 모성은 존재했을 텐데 말이다.

내 식대로 자연스럽게, 아이의 속도에 맞게 키우면 된다. 아이도 다 다르고, 엄마도 다 다르니까.

엄마란 이유로 별별 일에 다 죄책감이 든다. 언제부터 아이를 안아주고 재워주고 보듬어주는 것이 죄가 되었나. 심지어 아이를 너무 사랑하는 것조차 죄스러워진 세상 속에서, 나는 그저 내 안의 모성 본능대로 이것저것 재지 않고 내 아이를 충실히 사랑할 뿐이다.

아이는 부모를 닮기 마련이고, 내 아이에게 필요한 게 무언지 우리가 몸소 이미 느꼈을 터. 이런 우리에게 이런 아이가 온 건 다 이유가 있을 테니까.

"아이가 엄마를 골라서 세상에 나온다."는 말을 나는 참 좋아한다. 그렇다면 모든 엄마가 다른 엄마, 다른 아이와 비교하지 않고 죄책감 느끼지 않고, 자기 식대로 자연스럽게 아이를 키우면 될 테니 말이다.

내 아이는 아무래도 모성애가 극진한 나를 골라서 온 것 같다. 많이 안겨 있고 싶어서, 24시간 붙어 있고 싶어서, 잘 때도 항상 함께 있고 싶고, 눈떴을 때도 항상 엄마가 옆에 있길 바라서.

대체 어디다 써먹나 싶던 나의 지나친 공감력, 과한 감수성, 필요 이상의 감정 이입력…. 쓸데없이 에너지만 소모한다고 여겼던 나의 이런 성향들은 다 너를 위해 마련되어 있었나 보다. 그동안 너를 키우기 위해 그토록 연습했었나 보다.

그래, 아무리 생각해도 우리는 참 잘 어울린다. 나에겐 네가 딱이야. 그리고 너에게도 내가 딱이야. 엄마한테 잘 찾아왔다.

내 식대로 아이를 키웠다. 그리고 이 아이와 나는 참 잘 맞는 한쌍인 것 같다.

아이가 자란다는 것은 그냥 자연스럽다.
육아도 내 식대로 자연스럽게 ~

엄마들이 육아 공부에 목매는 이유는
불안하기 때문이다.

Too much 육아 공부
will kill you
분별력 없는 육아 공부는 독이 된다

Queen의 노래 중에 「Too much love will kill you」라는 곡이 있다. 사랑이 너무 크면 자신을 잃어버리고 그에 압도되고 만다는 노랫말을 담고 있다. 그렇다면 얼마만큼 사랑하는 게 적당한가? 나를 잃지 않을 정도로만. 꼭 그만큼만.

마찬가지로 투 머치 육아 정보가 육아를 망가뜨릴 수 있다. 우리나라 엄마들은 아이를 잘 키우고자 하는 마음에서 세계 어느 나라 엄마들보다 육아서를 많이 읽고 틈만 나면 육아 강의를 찾아본다.

아이가 조금만 '완벽하지 않은' 모습을 보이면 불안이 엄습해 어떻게 도와줄 수 있을지 전문가의 의견이나 동료 엄마들의 육아 팁을 샅샅이 뒤진다. 그대로 따르지 않으면 큰일이라도 날 것 같아 불안하고 그렇게 못 하면 죄책감에 괴롭다.

엄마들이 이렇게 육아 공부에 목매는 이유는 '주지화'라는 방어 기제 때문인데 주지화란 지적 활동을 통해 불안을 통제하려는 시도를 일컫는다. 결국 불안하기 때문이다. 여기에 더해 우리가 육아 정보가 너무너무 넘쳐나는 세상에 살고 있다는 것도 문제이다.

아이에게 하면 안 된다는 것도 너무너무 많다. 칭찬을 많이 해줘야 좋지만 과도하면 안 되고, 심심하게 둬야 창의성이 자라지만 다양한 발달 자극도 해줘야 하고, 아이의 감정이 다치지 않게 지켜줘야 하지만 과잉보호는 안 되고, 세상 무엇보다 중요하다는 애착조차 과도하면 독이 된단다.

지구와 달 사이 우주에서, 물체가 지구로도 떨어지지 않고 달로도 떨어지지 않는 중력 0의 아슬아슬한 지점을 '라그랑주 점'이라고 부른다. 넘치는 육아 정보를 종합해 실전에 적용하려다 보면 마치 육아의 라그랑주 점을 찾아내야 할 것처럼 막막한 기분을 느끼곤 했다.

나는 아이를 훈육해야 할 때 생각할 게 많아 머릿속이 바쁘다. 배운 대로, 정석대로 하려고 노력한다. 반면 남편은 아이를 심플하게 혼낸다. 그러고는 이내 풀고 또 신나게 놀아준다. 나름 열공 육아의 결과인 나의 훈육이 정석이라고 생각하지만 그렇다고 남편의 훈육이 틀려 보이지도 않는다.

놀이도 마찬가지다. 나의 놀이는 육아 전문가에게 100점을 받을 만한 '바람직한' 놀이다. 반면 남편은 아무렇게나 우당탕탕 놀다가 아이와 다투기도 하고 형제처럼 유치한 말싸움을 하기도 한다. 그런데 아이는 아빠와의 놀이를 더 좋아한다.

가끔은 아이를 볼 때 머릿속에 너무 많은 지식이 둥둥 떠다녀 '이게 뭔가?' 싶을 때가 있었다. 그럴 때는 기본으로 돌아온다. 머리가 너무 복잡할 때는 가장 중요한 핵심만 남긴다.

내가 하는 행동이 아이에게 독이 될지 득이 될지는 기본적인 사회성이 있는 엄마라면 본능적으로 분별할 수 있다. 애매한 회색 지대의 무언가라면 사실 이러나저러나 크게 상관이 없으니 말이다. 머리를 굴리며 갈팡질팡하다 보면 자연스러운 육아가 무너지고 만다. 너무 많은 육아 지식 사이에서 질식하느니 본능을 따르는 게 낫겠다. 머리 말고 가슴으로 하는 육아 말이다.

엄마는 아이의 행복을
100퍼센트 책임질 수 없다.
이것을 인정할 용기가 필요하다.

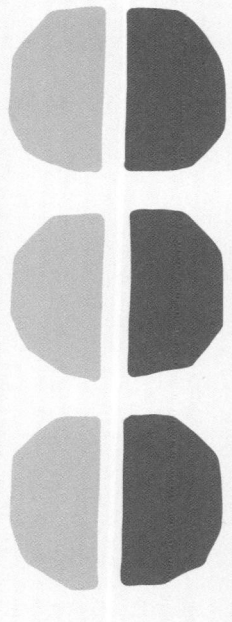

네가 완벽히
행복할 수 없음을

나의 결핍 때문에 너의 행복에 집착했다

"아이가 완벽하길 바라는가?"

이 질문에 대부분의 부모는 "아니요, 그럴 리가요."라고 대답할 것이다.

그렇다면 이 질문에는 어떤 답을 할까?

"아이가 완벽하게 행복하기를 바라는가?"

난 "아니다."라고 대답할 수 없었다. 아이가 빈틈없이 행복하기를 바랐다. 쓸데없는 스트레스에 시달리지 않게 마음 근육도 튼튼하길 바라고, 좋아하는 사람들을 사귈 수 있게 사회성도 좋길 바라고, 원하는 일들을 이룰 수 있게 능력도 키워주고 싶었다. 태어나기도 전부터 누구보다 행복한 아이가 되길 바라는 마음에 태명을 '행복이'라고 지었을 정도다. 지극히 숭고하고 사랑스러운 바람이라 생각했는데, 어쩌면 나의 지독한 욕구가 투영돼 있었는지도 모른다.

'넌 완벽한 안정 애착을 맺어야만 해, 넌 마음이 충만해야 해, 넌 자존감 높은 아이가 되어야 해, 넌 행복하게 자라야 해.'

아이에게 나도 모르게 이런저런 완벽함을 강요하고 있었다.

"엄마들이 못다 이룬 꿈을 자식에게 투영하여 아이를 괴롭힌다."는 말이 있다. 나는 그게 사회적 성취에만 해당하는 줄 알았다. 그런데 아이를 키워보니 그게 아니었다.

엄마들의 투영과 푸시는 어떠한 분야에서도 발생할 수 있다. 공부에 미련이 남은 엄마는 학업에서, 친구 관계가 어려웠던 엄마는 사회성에서, 또 나처럼 불안하고 예민한 기질로 힘들었던 엄마는 애착과 정서에 목을 매기도 한다.

나는 아이를 보듬으며 내 어린 시절을 어루만지는 느낌이 들었다. 외로웠던 나를 안아주고, 불안했던 나를 달래고, 두려웠던 나를 안심시켜주고. 그래서 더 열심히 했겠지.

육아가 아픈 이유는, 아이에게서 날것 그대로의 내 기질이 고스란히 보이기 때문이다. 내가 아프게 부딪히고 깨져가며 나이 삼사십을 먹어서야 겨우 다스리게 된, 마음속 깊이 숨겨둔 그 모습을 다시 생생히 마주해야 하는 당황스러움. 그리고 너무나 사랑하는 내 아이가 나의 힘든 점들을 빼다 박았다는 사실. 내가 고군분투했던 벅찬 과제들을 내 아이도 겪어야 하며 그 상처를 피할 수 없다는 두려움.

그래서 아등바등 이를 악물고 몸부림친다. 내가 느꼈던 불안함을 너는 느끼지 않게 해줄게, 내가 겪었던 어려움을 너는 겪지 않게 할 거야. 실수하지 말아야지, 더 공부해야지. 하지만 아무리 애써도 나머지는 아이의 몫이다. 엄마에겐 그걸 받아들일 수 있는 용기가 필요하다.

엄마라면 누구나 소중한 내 아이의 삶이 큰 굴곡 없이 평탄하길 바란다. 하지만 그건 내 권한 밖이다. 내 아이도 크고 작은 상처를 겪을 것이다. 내 아이도 마음이 아파 울 일이 생길 것이다. 내 아이도 자신의 예민함과 싸워나가야 할 것이다. 내가 그랬던 것처럼.

하지만 그게 나쁜 것만은 아니다. 아이는 상처를 회복하며 더 단단해질 것이다. 실패하고 무너져도 다시 일어나는 법을 배울 것이다. 어려운 문제에 부딪혔을 때 해결하는 능력이 자랄 것이다. 아이는 자신의 복잡한 마음을 다스리며 더 성장할 것이다. 내가 그랬던 것처럼.

더구나 내 아이는 상황이 다르다. 앞서간 엄마가 곁에 있지 않은가. 아이는 어려서부터 자신의 기질을 이해하며 자랄 것이고 자기답게 살아갈 수 있을 것이다. '나는 왜 이럴까? 나는 이상한 사람인가?'라는 쓸데없는 고민에 에너지를 쏟지 않아도 된다.

내가 할 수 있는 최선은 그저 아이를 있는 그대로 사랑하는 것, 타고난 모습을 바꾸려 하지 않는 것, 따뜻한 안전 기지가 되어주는 것, 또한 비슷한 기질을 가진 인생 선배로서 내 삶을 잘 살아내며, 그걸 꾸준히 보여주는 것, 아이의 이야기를 들어주며 둘도 없는 인생 친구가 되어주는 것… 그것만으로도 내 아이의 세상은 꽤나 반짝이리라 믿는다.

엄마로만 사는 시간

나는 나의 때를 기다린다

아이가 유치원에 다니면서 100미터 달리기처럼 숨 가쁘던 육아가 조금 수월해졌고, 내 생활에 나의 지분이 다시 생기며 자유 시간도 확보되었다. 몇 년간 밤낮없이 육아에 매진했던 나는 쉼이 필요했다. 그러나 내면의 비판자는 내게 쉴 틈을 허용하지 않는다. 너 지금 뭐 하고 있냐고, 이제 아이도 꽤 컸는데 뭐라도 해야 하지 않냐고. 뭐라도, 뭐라도!

"엄마도 자기 인생이 있어야 해요!" 아마도 엄마들을 위로하기 위해 생겼을 말에 나는 더 불안해지곤 했다. 자기 인생이 있어야 한다는 게 무슨 뜻이지? 뭔가 특별한 걸 하지 않으면 인생이 없다는 건가?

"엄마로만 살지 맙시다!" 이건 또 무슨 말이지? 분명 엄마로만 살아야 하는 시간이 있는데 어쩌라는 거지? 엄마로 사는 게 좋은 사람도 있다고! 그럼 어떻게 살라는 거야?

물론 그런 생각을 하면서도 때로는 억울했다. 왕년에 거뜬히 해내던 일들을 해낼 수 없을 때, 하고 싶은 일은 태산처럼 많은데 시간이 절대적으로 부족할 때, 좋은 기회가 찾아와도 잡을 수 없을 때, 돈 버는 일보다 육아가 더 힘든 데 아무도 알아주지 않을 때…. 아마 많은 엄마들이 같은 마음일 것이다.

출산 이전의 삶과 이후의 삶은 얼마나 다른가. 그래도 엄마들은 시린 마음을 안고 돌봄이 필요한 어린 자식에게 기꺼이 시간과 에너지를 내어준다. 엄마의 역할을 다하는 것 역시 얼마나 중요한지를 알기 때문이다. 하지만 마음을 아무리 다독여도 엄마가 아닌 나의 삶에 대한 걱정은 불쑥불쑥 찾아오곤 했다.

조급한 마음이 생길수록 나는 불행해졌다. 눈앞에 있는 행복을 누릴 수가 없었다. 놀아달라고 보채는 아이에게 짜증을 내게 됐고 이내 아이가 방해꾼으로 느껴지기까지 했다. 이건 아닌데. 이건 진짜 아닌데.

지금 나는 일시 정지가 필요하다. 현재와의 접촉, 나에 대한 감각 되찾기, 천천히 생각할 여유, 그리고 리셋된 나를 소화할 시간. 좀 더 시간이 필요하다.

육아 덕분에 전에 없던 감정적 경험을 많이 하게 되었고, 나에 대해 더 깊이 알게 되며 이루고 싶은 꿈이 생겼다. 하지만 당장은 아니다. 나는 나를 안다. 휴지기 없이 달리기만 하면 까칠한 엄마, 날카로운 아내, 불행한 내가 돼버릴 것을. 아이를 키우며 폭발한 생각들을 정리하는 데에도, 새로 알게 된 내 모습들을 소화하는 데에도 시간이 필요하다.

행복에도 자격이 필요한 걸까? 아이 키우며 커리어도 팍팍 쌓아가는 슈퍼 워킹 맘은 행복해도 되고, 낮잠 자고 산책하는 엄마는 행복하면 안 되나? 그렇게 충전해야 가족들에게 에너지를 나눠 줄 수 있는 건데. 아이 키우며 아가씨처럼 날씬한 몸매를 유지하는 엄마는 행복해도 되고, 아이의 성장을 함께하며 정직하게 살찐 나는 행복할 수 없나? 살집 한 줌 한 줌이 아이의 밝은 웃음과 맞바꾼 건데.

이러한 멈춤, 내 인생에서 처음이지 않나. 죽어라 공부했고, 죽어라 일했고, 죽어라 육아했다. 괜찮다고 내게 말해 주고 싶다. 조금 쉬어 가도 인생이 끝나는 것 아니라고, 쉼을 누릴 자격 있다고, 어색한 평온함과 친해져 보라고, 그게 너를 진정 행복하게 할 거라고. 제일 좋은 때에 과거와 현재의 모든 경험이 버무려져 고운 꽃을 피우리란 믿음이 있다. 나는 나의 때를 기다린다.

이성이 무너질 때 마음을 다스리는 법

1. 심호흡을 한다
스트레스가 쌓이면 교감 신경이 활성화되어 긴장과 불안 상태에 빠진다. 이때는 부교감 신경을 활성화하여 항진된 교감 신경을 진정시켜보자. 부교감 신경은 수면이나 휴식을 통해 활성화되는데, 당장의 도움이 필요할 때는 심호흡도 좋은 수단이다. 천천히 깊게 숨 쉬며 감정의 과열을 막아보자. 간단한 스트레칭을 병행해도 좋다.

2. 천천히 숫자를 센다
부정적 감정을 담당하는 편도체가 과열되면 이성이 작용하기 어렵다. 이를 '편도체 납치 현상'이라고 하는데, 편도체에 온 에너지가 몰려서 합리적으로 생각할 수 없다는 뜻이다. 이때 천천히 집중해서 숫자를 세면 이성의 뇌를 다시 가동시키는 데 도움이 된다. 욱할 때 활용하면 효과가 좋다.

3. 부정적 감정의 근본 원인을 찾는다
진정이 됐다면 부정적 감정의 근본 원인을 찾아보자. 아이나 남편 탓을 하기 쉽지만 실제로는 다른 이유로 스트레스를 받고 있는 경우도 많다. 무언가 계획이 틀어져서 짜증이 난 건 아닐까? 누군가와의 대화에서 느낀 불쾌함이 남아 있는 건 아닐까? 집이 지저분해서 화가 나는 건 아닐까? 하다못해 배가 고파서 화가 나는 건 아닐까? 진짜 원인을 찾아야 합리적으로 대처할 수 있다.

✦ 내 앞에 빛나고 있는 너 ✦

"젊음을 젊은이에게 주긴 너무 아깝다."라는 말이 있듯
유년기를 초보 엄마에게 주긴 너무 아깝다.

내가 인생을 두 번째 사는 거라면
반짝반짝 보석 같은 너의 어린 날들을
좀 더 누릴 수 있을 텐데.
온전히 너를 사랑할 텐데.

서툴고 서툰 처음 엄마라
근심하느라 툴툴대느라
흘려보내는 시간이 많구나.
너는 너로서 오롯이 빛나고 있는데
엄마 마음만 흔들흔들하는구나.

첫 번째 인생을 흘려보내고
두 번째 인생에서 너를 다시 만난 듯
내게 주어진 선물을 누리자.

그냥 함께 행복할 것.
그저 너의 빛에 감탄할 것.

불안한 엄마라면 • 44

tip 불안도가 높은 엄마가 주의해야 할 것 • 48

민감하고 감성적인 엄마라면 • 49

tip 민감하고 감성적인 엄마가 주의해야 할 것 • 53

완벽주의 엄마라면 • 54

tip 완벽주의 엄마가 주의해야 할 것 • 59

감각이 민감한 엄마라면 • 60

tip 감각 스트레스를 줄이는 환경을 만드는 법 • 63

생각이 너무 많은 엄마라면 • 64

tip 육아하며 무료한 뇌를 달래는 방법 • 67

열정이 넘치는 엄마라면 • 68

tip 열정이 넘치는 엄마, 이것만은 꼭! • 72

2장

나를 알아가다

혼란스러울 때 내 안의 불안에게 묻곤 한다.
"어이, 그래서 어떡하면 좋겠어?"

그러면 불안은 여러 가지 길을 내게 제시한다.
그 길들을 더 꼼꼼히 살펴볼 수 있게 도와준다.

불안한 엄마라면

아이가 치과 수면 치료를 받던 날에

"당신은 늘 걱정하고 두려워한다. 가끔은 특별한 이유 없이
공포를 느낄지도 모른다. 그리고 '만약 일이 잘못되면
어쩌지?'라는 질문을 멈출 수가 없다. 모든 게 엉망진창
꼬여버릴지도 모른다는 느낌을 떨쳐버릴 수 없다.
다시 말하면 불안하다."

『불안에 서툰 당신에게』 (트로이 듀프레인/켈리G 윌슨 지음, 슬로우 미디어)

유난히 불안한 엄마들이 있다. 불안도가 높은 사람은 현재를 살기 어렵다. 과거를 곱씹거나, 미래를 걱정하거나, 부정적인 상상에 사로잡혀 많은 시간과 에너지를 쓴다.

기껏 아이를 유치원에 보내 놓고도 아이 생각을 떨치지 못하고 육아와 관련된 정보를 찾아보는 엄마. 그게 바로 나였다. 걱정하느라 쉬지도 못하니 늘 만성 피로를 달고 살았다.

아이가 소아치과에서 수면 치료를 받은 적이 있다. 불안 대마왕인 나는 역시나 상상의 나래를 펼치며 불안을 키웠고, 치료 당일 수면제가 든 주사를 맞고 아이가 눈을 감자마자 참고 있던 눈물을 쏟아냈다. 아이가 가수면 상태에서 흐느끼는 소리가 들리자 도저히 병원에 앉아 있을 수가 없어서 남편만 두고 건물 밖으로 뛰쳐나가 쿵쿵거리는 심장을 다독이며 걷고 또 걸었다.

그 와중에 수면 치료 후기를 또 하나 읽었는데, 세상에 그 엄마는 아이가 치료받는 동안 영화를 봤다지 뭔가? 어차피 서너 시간 치료실에 있으니까 그 기회를 남편과 데이트 찬스로 활용했다고. 순간 웃음이 터졌다.

'그러네, 이 엄마 말이 맞네. 내가 할 수 있는 건 이미 다 했고, 어차피 아이 곁에 있어줄 수도 없는데 나는 왜 거리에서 눈물을 머금고 벌벌 떨고 있지? 내가 이런다고 뭐가 달라지나? 이건 시간 낭비고 에너지 낭비고 감성 낭비다!' 나는 마음을 단단히 먹고 근처 분식집에 들어가서 쫄면을 시켜 먹었고, 쫄면은 맛있었다.

치료 후 잠에서 깬 아이는 치료 과정을 기억도 하지 못했다. 그렇다고 내가 걱정하며 꼼꼼히 알아본 게 잘못인가? 그건 아니다.

잠에 무척 예민한 아이이기에 전날 밤 평소 자는 시간의 절반만 재웠고, 덕분에 수면제가 잘 먹혀 편하게 치료를 받을 수 있었다. 겁이 많은 아이이기에 아이가 놀라지 않도록 치과와 친해지게 하는 데에 많은 노력을 기울였고, 덕분에 치과 트라우마가 생기지 않을 수 있었다.

엄마가 되면 누구나 그전보다 불안하고 예민해진다. 어떤 엄마는 안전이나 위생에 유난히 예민하고, 어떤 엄마는 음식물에 까다롭기도 하다. 나처럼 정서에 집중하는 경우도 있다.

안전에 신경 쓰는 엄마의 아이가 안전하게 자라듯, 건강에 신경 쓰는 엄마의 아이가 건강하게 자라듯, 정서에 신경 쓰는 나의 아이는 정서적으로 많은 득을 봤다.

불안은 불확실성에 대한 두려움이기에 불안한 사람은 보다 자세히 알아보고 철저히 준비하게 된다. 숱한 육아 정보들 사이에서 무엇이 내 아이의 기질에 맞을지 고민할 수 있었고, 아이를 고유한 역치 이상으로 무리하게 밀어붙이지 않을 수 있었던 것도 불안 덕분이다.

이렇듯 불안은 우리를 도와주는 든든한 친구이기도 하다. 좀 불편하고 피곤하지만, 언제나 나를 단단히 잡아주고 생각의 문을 열어주는 친구이기도 하다.

이제는 혼란스러울 때 내 안의 불안에게 묻곤 한다. "어이, 그래서 어떡하면 좋겠어?" 그러면 불안은 여러 길을 내게 제시한다. 그 길들을 더 꼼꼼히 살펴볼 수 있게 도와준다. 이제는 든든하기까지 한 친구다.

불안도가 높은 엄마가 주의해야 할 것

1. 부정적인 사고를 인식하자
불안한 사람의 사고는 부정적으로 흐른다는 것, 언제나 최악의 상황을 가정한다는 것을 기억해야 한다. 내가 상상하는 부정적인 일이 일어날 가능성은 적으며, 실제로는 나의 상상보다 원활하게 흘러갈 것이며 아이는 잘 자랄 것이라 믿자.

2. 불안에 떠는 모습을 아이에게 보이지 말자
불안은 전염된다. 아이 앞에서는 의연한 모습을 보여줘야 한다. 걱정 타임을 따로 두고 그 시간 내에서는 맘껏 걱정하되, 아이와 함께하는 일상에서는 불안한 생각을 차곡차곡 접어 마음 한구석에 밀어 넣는 게 좋다. 엄마가 너무 불안해하면 불안감이 큰 아이는 더 불안해지거나 불안감이 없던 아이까지 불안하게 만들 수 있다.

3. 불안의 내용을 종이에 적어보자
불안할 때는 '긍정적인 사고'보다 '정확한 사고'가 필요하다. 나의 불안을 언어로 풀어 종이에 적어보자. 걱정의 대부분은 현실화될 가능성이 적다는 걸 알게 될 것이다.

민감하고 감성적인 엄마라면

민감한 엄마는 행복에도 민감하다

"특별한 외적 사건이 없는 일상에서도 예민한 사람들은 진한 경험을 할 수 있다. 보통 사람들보다 자극을 더 많이, 더 강하게 받아들이는 예민한 사람들은 인생의 좋은 면, 나쁜 면을 가리지 않는다."

『예민함이라는 무기』 *(롤프 젤린 지음, 나무생각)*

민감한 사람들은 감성이 굉장히 풍부하다. 엄마라면 누구나 아이를 키우며 행복도 느끼고 고통도 느끼지만, 민감한 엄마가 느끼는 육아 감정은 타의 추종을 불허한다.

민감한 엄마는 어마어마한 공감 능력을 타고났기에 변화무쌍한 아이의 감정에 하나하나 이입한다. 아이가 울 때면 내 마음도 울었고, 아이가 다칠 때면 나도 찢어지는 아픔을 느꼈다. 아이의 희로애락을 거울처럼 흡수해 내 감정처럼 생생히 느끼기에 버거워진다. 특히 부정적 감정을 쉬이 넘기지 못하고 엄마의 마음까지 흔들려버리니 에너지 소모가 어찌나 큰지.

이처럼 아이를 애지중지하는 민감하고 감성적인 엄마들은 훈육을 못 하는 물렁한 엄마가 될까 봐 걱정한다. 하지만 아이를 위해서라고 생각하니 기질도 이길 수 있더라. 아이에게 상처 주지 않는 훈육법을 공부하여 따뜻하면서도 단단하게 아이를 인도할 수 있는 노하우도 생겼다.

아이와의 갈등을 두려워하지 말자. 내가 열심히 부딪혀온, 또 여전히 노력하고 있는 숙제가 바로 이것이다. 민감한 사람들은 갈등을 참으로 싫어한다.

남에게 싫은 소리 한번 해본 적 없는, 손해를 보더라도 남에게 맞춰주는 게 편한 사람들. 그런 이들에게 연약하고 사랑스러운 아이와의 갈등이 얼마나 힘들겠는가. 차라리 먹이고 재우고 달래주는 시절이 적성에 맞지, 본격적으로 훈육을 시작해야 하는 나이가 되고부터는 마음속에서 전쟁이 끊이지 않는다.

남편에게 연습 상대가 돼달라고 부탁하는 것도 좋다. 자기주장을 하는 연습, 눈치 보지 않고 내 마음을 전달하는 연습. 이것이 수용되는 경험을 해야 자신감이 생겨 '건강한 권위'가 있는 엄마가 될 수 있다. (남편들이여, 아이를 위해 아내의 훈련을 도와주자.)

훈육의 산을 넘었더니 이번엔 학습이라는 거대한 산맥이 나를 기다린다. 학습은 아무리 놀이다 뭐다 좋게 포장해도 결국은 어느 정도 강제가 필요하다. 차라리 내가 공부하는 게 쉽지, 아이를 공부시키는 건 훨씬 더 어려운 것 같다. 그래도 그동안 쌓아온 내공이 있으니 내 마음의 밭도 꽤나 탄탄해졌으리라. 일구고 다지며 계속해서 나아가야겠다는 다짐을 해본다.

감성이 풍부한 엄마는 장점도 아주 많다. 나는 공감하려 노력하지 않아도 타인의 감정이 쉽게 느껴지므로 아이 마음을 읽어주는 일이 어려웠던 적이 없다.

아기가 어떤 자세를 취해야 편안해하는 지, 어떤 자극을 좋아하고 싫어하는지, 말 못 하는 아기가 원하는 게 무엇인지 저절로 느껴졌으니 말이다. 그래서 애착 형성이 쉽지 않다는 까다로운 기질의 아이를 키우면서도 교감에 어려움이 없었다.

불안한 아이의 마음을 섬세히 매만져줄 수 있었고, 스트레스에 취약한 아이의 환경을 조절할 수 있었으며, 여리디여린 아이 마음에 상처를 덜 줄 수 있었다.

또한 나의 경험에 대해 깊이 성찰하는 자세로 살아왔기 때문에 아이의 고민 앞에서 나눠줄 것이 많았다. 무언가 잘못되고 있을 때 문제를 민감하게 파악할 수 있으며, 개입해야 할 때와 빠져야 할 때를 분간할 수 있었다. 민감함은 심지어 민감성이 과열될 때를 파악해 브레이크를 걸어주기까지 했다.

나는 아이를 키우며 나의 민감함을 좋아하게 되었다. 아이가 한 해 한 해 자라면서 어려움을 마주칠 때 든든한 조력자가 될 수 있을 것이다.

무엇보다 민감한 엄마는 행복에도 민감하다. 아이의 웃음에 배로 감탄하고 아이와의 교감에 배로 감동한다. 아이의 사랑스러운 몸짓과 귀여운 표정 하나하나에 하루에도 몇 번씩 벅찬 기쁨으로 가슴이 뜨거워지곤 한다. 육아가 아무리 힘들어도 이 행복감이 모든 걸 누른다. 이렇게 내리쬐는 빛이 그림자를 이기곤 한다.

민감한 엄마는 모든 경험에 민감하게 반응하므로 아이를 키우며 많이 성장한다. 남들이 대수롭지 않게 넘기는 모든 것이 성찰과 배움의 기회가 된다. 민감한 엄마들은 육아라는 새로운 세상을 탐험하며 끊임없이 사고하고 자신을 돌아보기에 인생을 보는 시야가 넓어진다. 모르는 사이에 훌쩍 업그레이드되어 있는 자신의 모습을 발견할 것이다.

민감하고 감성적인 엄마가 주의해야 할 것

1. 미리 개입하지 말자
다른 엄마들은 아이의 마음을 읽으려 공부하고 노력해야 하는데, 민감한 엄마들은 오히려 마음을 덜 읽는 훈련이 필요하다. 직관이 발달하여 아이의 감정을 빠르고 정확하게 파악하는 탓에 너무 빨리 개입해 버릴 수 있기 때문이다. 저절로 보이고 느껴져도 살짝 눈을 감는 센스가 필요하다. 아이가 스스로 감정을 처리할 시간을 허락하고 있는지 점검해 보아야 한다.

2. 남의 눈을 의식하지 말자
남의 눈을 의식하느라 노심초사하다가 아이에게 화가 가는 경우가 꽤 많다. 집에서는 자유롭고 행복하게 지내던 아이가 밖에만 나가면 날카로워지는 엄마에게 영문 모르게 혼이 나곤 한다. 이렇게 불필요하게 아이를 윽박지르는 것은 곤란하다. 타인에 시선에 대해 조금은 뻔뻔해지려고 부단히 노력하자. 그래야 내 아이의 기질과 속도를 존중할 수 있다. 행여나 그러다 민폐를 끼칠까 걱정되는가? 민감성을 타고난 엄마라면 애써 부담을 내려놓아도 결코 남에게 큰 피해를 줄 수준까지 갈 수 없을 것이다.

3. 자신의 마음을 들여다보는 시간을 갖자
민감한 엄마는 아이에게 몰입하느라 정작 나의 마음과 욕구를 잊곤 한다. 이것이 장기화하면 쉽게 우울증에 빠지기도 한다. 그러니 부디 내 마음을 들여다보는 시간을 꼭 가져야 한다. 잠깐씩이라도 시간을 내어 내 욕구를 채워야 한다. 이것은 이기적인 게 아니라 오히려 모두를 위해서다. 내게 결핍이 쌓이면 결과적으로 아이에게도 좋지 않은 영향이 간다는 사실을 명심해야 한다.

나는 예민한 엄마입니다

완벽주의 엄마라면

육아 완벽주의는 불안에서 기인한다

"이들은 완벽을 갈망하는 만큼 부족을 두려워한다.
아니, 부족에 대한 두려움이 너무 커서 완벽을 추구한다고
할 수 있다. 물론 누구나 부족하기보다 완벽하기를 바란다.
그러나 완벽주의자는 완벽을 향한 갈망과 부족에 대한
두려움이 모두 극단적이다."

『심리를 처방합니다』 (노우유어셀프 지음, 마음책방)

아이가 혼나는 이유들을 나열해 보자면 다음과 같다.

실수로 뭔가를 쏟아서, 먹고 싶은 것만 먹어서, 등원하기 싫어 해서, 관심받고 싶어 해서, 기분 나쁘다고 투덜대서, 안 자고 늦게까지 놀려 해서, 밥 먹을 때 TV를 보려 해서, 곱게 말하지 않고 짜증 부려서.

잘 들여다보면 어른들이 늘상 하는 것들이다. 너무나 인간적인 감정과 행동일 뿐인데, 엄마는 아이를 혼내게 된다.

첫째 아이와 둘째 아이의 성격을 비교한 기사를 읽었는데, 대체로 첫째들이 완벽주의 성향을 띤다고 한다. 부모가 처음 육아를 하다 보니 책대로 완벽하게 해내려는 경향이 크고, 그걸 강요하고 자기도 모르게 평가의 눈으로 바라보게 되기 때문이란다.

"똑바로 앉아야 해.", "그렇게 하는 거 아니야." 등 일상적으로 완벽을 강요하고 그 결과 첫째들은 압박감을 느끼며 스스로에게 엄격해진다. 반면 둘째들은 강요나 평가에서 느슨해진 엄마 덕에 저절로 유하게 자라는 경향이 있다고 한다.

첫째로 자라 외동아이의 엄마가 된 내 모습을 돌아보게 되었다. 나 역시 엄마 노릇은 처음인 데다 배운 대로 하려다 보니 나도 모르게 완벽주의가 발동하곤 했다. 게다가 까다로운 기질의 아이를 키우다 보니 자칫하면 아이가 크게 엇나갈 것 같다는 두려움이 있었다.

정신 바짝 차리고 아이를 바르게 키워야 한다는 압박감에 짓

눌렸던 것 같다. 일관성이 중요하다기에 나만의 훈육 법칙을 정립하여 지키려고 노력했다. 이것이 지나치니 갈등 상황이 생기면 머릿속에서 수학 공식처럼 답을 찾곤 했다. '앗, 이건 훈육 포인트다! A 상황 발생! 좋아, A 공식 적용! 흔들리지 않겠어!'라며 대응하게 되었다.

하지만 돌아보면 아이는 완벽한 훈육이 아닌 편안한 사랑을 먹고 자란다. 심통이 나서 "엄마 미워!"를 외치는 아이에게 단호하고 엄격하게 "그런 말은 나쁜 말이야!"로 받아치는 부모와, 씨익 웃으며 "오구오구 속상했어요."로 받아주고 안아주는 부모.

과연 전자가 항상 정답일까? 후자의 부모 밑에서 자란 아이는 버르장머리가 없어질까? 내가 아이라면 어떤 부모를 원할까. 나는 어떤 환경에서 더 잘 자랐을까.

사실 완벽함이나 일관성 못지않게 유연함과 융통성도 중요한 덕목이다. 진지하게 사과하는 법도 배워야 하지만 애교로 기분 좋게 화해할 수 있는 것도 훌륭한 사회성이다. 갈등 상황에서 잘잘못을 엄격히 따지는 것보다 때로는 유머로 웃어넘기는 여유를 알게 하는 것도 중요하지 않은가. 내가 그런 모습을 아이에게 보여주고 있었나 하는 의문이 생겼다.

박혜란 님의 『다시 아이를 키운다면』에 다음과 같은 내용이

나온다. "아이가 내 뜻대로 된다고 자랑 말고, 아이가 내 뜻대로 안 된다고 걱정 마라. 오히려 아이가 내 뜻대로 된다면 걱정하고, 아이가 내 뜻대로 안 되면 안심하라. 진짜 걱정해야 할 순간은 아이에게 아무 뜻이 없을 때다." 머리를 망치로 한 대 얻어맞은 듯한 깨달음이다.

어린애가 생떼 좀 부릴 수도 있지, 어린애가 미운 말 좀 할 수도 있지. 아이 다섯 키워 본 할머니 같은 마음으로 여유 있게, 틈 있게 힘을 좀 빼기로 했다. 완벽주의가 나를 너무 괴롭히진 않는지, 나를 넘어 다른 가족들에게 피해를 주지는 않는지 항상 돌아보며 조금 느슨해져 보려 한다. 아이를 위하는 마음이 사사건건 아이를 교정하려는 잘못된 방향으로 흐르지 않도록.

완벽주의 엄마가 주의해야 할 것

1. 과도한 자기비판을 멈추자
완벽주의는 엄격한 자기비판을 유발한다. 보통은 이로 인해 끊임없이 노력하고 성취할 수 있다는 장점도 있지만, 육아는 다르다. 육아에 완벽이란 없으므로 어차피 아무리 노력해도 완벽의 기준을 채우지 못한다. 그 결과 자기비판이 심해지고 육아 효능감이 낮아지며 자존감이 떨어지고, 이것들이 쌓이면 육아 우울증까지 유발될 수 있다.

2. 아이에게 완벽을 강요하지 말자
모든 게 완벽하길 바라는 완벽주의자 엄마는 아이에게도 완벽을 강요한다. 어린아이는 당연히 엄마의 이상에 맞지 않는 행동을 하기 마련인데, 이때 엄마는 크게 스트레스를 받는다. 예를 들어, 나는 예의를 중시하는데 아이가 동네 어른에게 인사를 안 했다면 그에 대해 필요 이상으로 아이를 질책하게 될 수 있다.

3. 남에게 책임을 돌리지 말자
아무리 애써도 부족함을 느낀다면 질책의 화살이 남에게 향할 수 있다. 가장 만만한 건 남편이다. 남편이 육아 공부를 안 해서, 남편의 육아 참여도가 낮아서, 남편의 육아 태도가 잘못되서… 육아는 원래 힘든 게 당연한데, 애먼 사람에게 원망을 뒤집어씌우지 않도록 주의하자.

감각이 민감한
엄마라면

감각 스트레스를 관리하는 일이 중요하다

"민감성은 강한 자극에 단점을 드러낸다. 대부분의
사람들에게는 적당한 긴장감을 주는 것이 매우 민감한
사람들에게는 강력한 긴장감을 유발한다. 대부분의 사람들이
강한 긴장을 느낄 때 매우 민감한 사람들은 기진맥진하며
심하면 탈진해 버린다."

『타인보다 더 민감한 사람』 (일레인 아론 지음, 웅진지식하우스)

매우 예민한 사람(HSP, Highly Sensitive Person)에 대해 연구한 일

레인 아론(Elaine N. Aron)은 민감성을 감각적 예민함과 심리적 예민함의 합으로 보았다. 민감한 사람은 오감이 예민하며 남들보다 자극을 더 많이, 더 강렬하게 받아들이고, 이렇게 폭탄처럼 흡수된 자극이 신경계를 자극하여 남들보다 훨씬 예민한 감수성을 갖게 된다는 것이다. 즉 민감성의 뿌리를 예민한 오감으로 보았다.

아이와 부비적대는 일상은 특히 시각, 청각, 촉각을 강렬하고도 지속적으로 자극한다. 시각이 예민한 엄마는 아이와 마트나 키즈 카페에만 다녀와도 눈이 피로하고, 청각이 예민한 엄마는 아이가 재잘대는 소리조차 따갑게 느껴지고, 촉각이 예민한 엄마는 때로 아이와의 스킨십조차 버겁다. 아이가 유발하는 감각 자극이 쉼 없이 쌓이면 감각이 민감한 엄마는 녹초가 된다.

감각이 둔감하거나 평범한 사람들은 감각이 예민하다는 게 뭔지 상상하기 어렵다. 예민한 감각 때문에 힘들어하는 걸 이해하지 못하고 꾀병으로 치부하기도 한다. 그러나 감각이 예민한 사람은 실제로 감각 자극에 대한 역치가 낮고, 일상의 자극만으로도 교감신경이 지속적으로 흥분해 스트레스 호르몬이 나온다는 사실이 연구 결과로 밝혀졌다.

감각이 예민한 이들은 혼자만의 조용한 시간을 갖지 않으면 자극이 계속 쌓여 이에 압도되고 만다. 자기에게 맞는 안정된 환경을 찾아 자극의 쌓임을 해소할 시간을 가져야 한다는 것이다. 그런데 아이를 키우는 엄마가 어디 혼자만의 시간을 가질 수 있나. 언제나 아이라는 타인과 함께이다 보니 에너지가 고갈되기 십상이다. 게다가 감각이 민감한 엄마는 그만큼 피로도가 높기 때문에 체력이 생명인 육아에서 감각 스트레스를 관리하는 일은 매우 중요하다. 감각을 둔감하게 만들 수는 없지만 최대한 덜 힘들게끔 환경을 조성할 수는 있다.

기질에 대해 공부하면서 '내가 감각이 예민하구나.'란 걸 깨달았다. 감각의 예민함이 심리적 예민함의 시작이 된다는 게 재밌었다. 그전까지 나는 내 감각이 예민한지 모르고 살았다. 남들보다 조금 더 쉽게 피곤해하고, 왠지 모르게 체력 소모가 심하다는 건 알았지만 예민하다는 단어는 나와 어울리지 않았다. 언제나 많은 친구와 함께였고 새로운 일에 도전하기도 즐기는 성격이었기 때문이다.

그런데 아이를 키우며 비로소 나의 본모습을 마주하게 되었다. 내가 내 시간을 통제할 수 없게 되자 사회적인 모습은 온데간데없이 사라졌고 민낯의 기질만이 남았다. 시청 촉각이 과열되면 심장이 쿵쿵거리며 신경이 곤두서더라. 이를 깨닫고 틈날 때마다 긴장을 풀으려 노력했다. 밤에는 꼭 오감을 통해 들어와 내 안에서 증폭

된 자극들을 배출하는 시간을 가졌다. 반신욕을 하며 긴장했던 몸과 마음을 이완하였고, 마구잡이로 쌓인 생각과 감정들을 글로 쏟아냈다. 그렇게 하루를 정리하고 마무리하면 안정감이 느껴졌다.

감각 스트레스를 줄이는 환경을 만드는 법

1. 귀마개를 활용한다
오감 중에서도 청각이 예민한 경우 가장 불안과 스트레스가 높은 것으로 나타났다. 보통 사람들이 시끄러운 공연장에 오래 있으면 피곤해지듯 청각이 예민한 사람은 쉴 새 없는 육아 소음만으로도 너무 힘들다. 귀마개를 사용하면 사랑하는 아이의 재잘거림에 덜 지칠 수 있다. 아이가 미디어를 볼 때는 유아용 헤드폰을 사용하게 하자.

2. 스마트폰 사용, 카페인 섭취를 줄인다
현대인은 스마트폰을 손에 달고 살기 때문에 시청각 자극에서 벗어날 틈이 없다. 감각이 예민한 엄마라면 더 악영향을 받는다. 카페인 섭취도 감각을 더 예민하게 만든다. 육아하는 엄마에게 커피는 생명수와도 같지만, 감각 스트레스가 심하다면 카페인 섭취를 줄이는 것이 좋다.

3. 아이에게 양해를 구한다
아이가 통제 가능할 나이라면 엄마의 예민한 감각에 대해 설명하고 배려를 부탁한다. 사람마다 성격이 다르듯 감각의 예민도도 다르다고, 너와 아빠에겐 아무렇지도 않은 자극이 엄마에게는 너무 힘들게 느껴진다고 이해시키고 큰 소리를 내거나 세게 부딪치는 놀이를 조심해 달라고 부탁한다.

생각이 너무 많은 엄마라면

뇌가 너무 할 일이 없어도 스트레스를 받는다

"생각이 여러 갈래로 마구 뻗어 나가는 편인가? 다시 말해 하나를 생각하면 열 가지가 떠오르고 그 열 가지 생각이 각기 또 다른 열 가지 생각을 낳으면서 생각이 금세 울창한 나무를 이루는가? 바로 그렇기 때문에 여러분의 생각은 결코 멈추지 않는다. 하나의 생각이 언제나 새로운 문을 연다."

『나는 생각이 너무 많아』 (크리스텔 프티콜랭 지음, 부키)

난 정말 생각이 많다. 예를 들면 아이의 유치원을 고를 때 혼자서 얼마나 많은 가능성을 떠올리며 브레인스토밍을 했는지 모른다.

"A 유치원은 아이와 잘 맞는 곳이라 아이가 가장 편안하게 적응할 수 있을 거 같아. 하지만 너무 한쪽으로만 치우치는 건 아닐까? 이렇게 계속 강점만 발달해도 되나? B 유치원은 아이 성향과 잘 맞지는 않지만 여기에 적응할 수만 있다면 아이의 약점이 보완될 거 같아. 아이가 좀 힘들어해도 여기로 푸시하는 게 맞을까? 내 욕심일까? C 유치원은 소수정예라 좋을 거 같아. 그런데 여기 다니다 학교 가면 힘들어 하지 않을까? 일단 여기에 다니다 나중에 옮겨야 하나? 아… 그런데 7세까지 가정에서 보육하는 집은 없나? 검색해 봐야겠다."

주변 사람들에게 물어보니, 보통은 아이와 잘 맞는 A 유치원을 찾으면 거기서 고민이 끝난다고 한다. 그런데 나는 과부하가 걸릴 만큼 머릿속이 복잡하게 돌아가곤 했다. 한참 생각에 잠겨있다 보면 생각의 흐름을 추적하기 어려울 만큼 다양한 가지들이 뻗어나가, 꼭 고민에 중독이라도 된 느낌이었다.

왜 이렇게 사서 고생일까? 틈만 나면 어김없이 생각의 늪에 잠기는 이유가 뭘까? '불안해서'도 답이 될 수 있지만, 내가 찾은 또 하나의 답은 뇌가 무료하기 때문이라는 것이다.

책에서는 이렇게 생각이 뻗어나가는 이들을 '정신적 과잉 활동인'이라 부른다. 우뇌가 발달한 사람들의 특징이라고 한다.

정신적 과잉 활동인들은 짜릿한 흥밋거리가 없으면 뇌가 헛돌며 우울해진다고 한다. 괜한 몽상들만 떠오르고, 부정적인 생각으로 흘러갈 가능성이 크다. 재밌는 소재가 없으면 문제라도 찾으려 하기 때문이다. 일을 필요 이상으로 복잡하게 꼬아 생각하거나, 아이의 부족한 점을 찾아내어 집착하고 그것을 곱씹게 되더라.

크리스텔 프티콜랭은 '복잡한 뇌에는 복잡한 일이 필요하다.'라고 말한다. 이 말에 어찌나 공감이 가던지. 맞다, 정신적 과잉 활동인에게 육아는 너무 무료하고 지루하다. 뇌를 복잡하게 써먹을 필요가 없는 노동이기 때문이다. 정신적 무료함은 뇌를 무척이나 괴롭게 한다. 그러한 날들이 몇 년이나 지속된다면 상당히 견디기 힘들 것이다.

본인이 정신적 활동을 추구하는 사람이란 걸 깨닫는 게 중요하다. 이런 엄마들은 여가 시간에 마냥 쉬거나 마냥 논다고 충전되지 않는다. 오히려 정신적으로 복잡한 활동을 하는 시간이 필요하다. 뇌가 헛돌지 않게 좋은 소재를 제공하면 더욱 활기찬 일상을 보낼 수 있다.

육아하며 무료한 뇌를 달래는 방법

1. 육아 일상을 기록하자

정신적 과잉 활동인에겐 생각의 배출, 즉 아웃풋이 필요하다. 아이가 어려 가정 보육을 하던 시기에 가장 쉽게 머리를 써먹을 수 있는 분야는 육아 기록이었다. 나는 한때 엄마표 놀이와 유아 식단을 기록하여 공유했었다. 아이가 놀든 안 놀든, 먹든 안 먹든 상관없었다. 놀이와 메뉴를 궁리하고, 새로운 놀이법과 요리법을 배우고, 재미있게 읽히게끔 고민하여 글을 작성하는 것만으로도 뇌에 활기가 돌았다. 기록하는 행위 자체가, 무언가 할 것이 있다는 것이 즐거웠다. 아이와 가볼 만한 나들이 장소든, 아이와 읽는 책 소개든, 감정을 담은 육아 일기든, 어차피 육아에 매진해야 하는 상황이라면 육아를 기록해 보자.

2. 탐구 생활이 필요하다

남들처럼 운동을 하고 드라마를 보고 동네 엄마들과 수다를 떨어도 채워지지 않는 갈증이 있다면, 뇌가 몰입거리를 달라는 신호일 수 있다. 책을 읽거나 지식 채널을 봐도 좋고, 복잡한 영화를 보며 캐릭터를 분석해도 좋고, 내면을 깊게 성찰해도 좋고, 새로운 공부를 시작하거나 무언가를 배워도 좋다. 무료해서 미쳐가는 뇌를 사용해 주자.

3. 나와 비슷한 성향의 엄마들을 만나자

성향이 비슷한 친구들이 있다는 건 참 감사한 일이다. 나는 다행히 민감한 엄마들의 커뮤니티를 운영하며 나와 비슷한 사람들과 친해질 수 있었다. 평범한 일상도 이들과 공유하면 늘 흥미로운 생각거리가 생기곤 했다.

열정이 넘치는
엄마라면

도파민형 엄마는 짜릿한 자극을 원한다

"세상에는 날 때부터 도파민이 남들보다 많이 분비되는
사람들이 있는데, 이들을 이른바 '도파민형 인간'이라고
부른다. 더 많은 것, 더 자극적인 것, 더 놀라운 것에
끊임없이 매료되는 사람들이다. 계속해서 무언가를
욕망하고 갈구하며, 남보다 더 잘 중독되고,
성취하는 것에서 인생의 목표를
찾는 도파민형 인간."

『도파민형 인간』 (대니얼 Z. 리버먼·마이클 E. 롱 지음, 쌤앤파커스)

천성적으로 열정적이고 자극을 추구하며 하고 싶은 게 많은 사람들이 있다. 이들은 새로운 도전을 할 때 눈빛이 반짝이고, 좋아하는 것에 원없이 몰입할 때 활기와 자유함을 느낀다.

얼핏 이 설명만 읽으면 '예민한 엄마'와 거리가 멀어 보이지만, 사실 앞서 열거한 예민한 엄마의 특성들에 자극 추구 성향까지 더해지면 가장 내적 갈등이 많고 예민하며 까다로운 기질이 된다. 이런 사람이 아이를 24시간 케어해야 하는 전업주부가 되면 정말 힘들다. 점점 생기를 잃는다.

어린아이 키우는 연예인 엄마들을 욕하는 댓글들이 종종 보인다. 꽃꽂이, 등산, 쿠킹 클래스 등 취미 활동을 즐기는 그녀들에게 '애는 안 보고 놀러 다닌다.'고 질타한다. 하지만 그들이 집에만 들어앉아 있었다면 아이에게 더 좋았을까? 오히려 악영향을 주었을지도 모른다.

육아는 느리고 긴 호흡으로 간다. 빠르고 자극적인 걸 좋아하는 성향의 엄마들에게는 하루하루가 참 길고 지겹다. 좋아하는 무언가에 몰입하고 성취했을 때 팡 터지는 도파민 샤워가 육아에는 거의 없다. 좌절감이 계속 쌓이면 짜증과 화가 많아지고 그 독은 아이에게로 흐른다. 그래서 엄마에게는 출구가 필요하다.

예민한 아이들이 모인 커뮤니티를 운영하다 보니 아이가 몇 살일 때 보육기관에 처음 보내는 것이 좋냐는 질문을 많이 받는다. 아이만 생각하면 좀 더 늦게, 아이가 충분히 준비됐을 때 보내는 게 맞다. 하지만 육아는 아이만 생각해서는 안 된다. 엄마도 생각해야 한다. 물론 엄마가 되면 어느 정도 자신의 욕구를 포기할 수밖에 없지만 견디기 힘들 만큼 답답하다면 적절히 밸런스를 맞춰야 할 때이다.

일정 시간 자신의 욕구를 채울 수 있게 가족에게든 육아 도우미에게든 기관에게든 도움을 받는 게 좋다. 그 시간에 신나게 놀든 신나게 일하든 자기 스타일대로 열정 호르몬인 도파민을 충분히 채우고, 마음이 충만한 상태에서 나머지 시간을 아이에게 집중해 주면 된다.

아이를 기관에 일찍 혹은 오래 보내는 것이 미안하다면 이렇게 생각하자. 어차피 집에서 24시간 우울한 엄마와 지내는 것보다 이게 낫다고. (단, 아이가 스트레스를 많이 받아서 적신호를 보내는지 잘 관찰해야 한다.)

나도 도파민형 인간이다. 여행을 좋아했고, 사람들 만나는 걸 좋아했고, 새로운 일에 도전하는 게 재밌었다. 처음 엄마가 되었을 때는 육아 자체도 하나의 새로운 도전처럼 느껴졌다. 예민하고 까다로운 기질의 아이를 키우면서 고생하고 극복하는 과정이

도전 정신을 자극해 짜릿하게 느껴지기도 했다.

아이를 오롯이 집에서 보육하던 시절, 내가 선택한 전략은 '차라리 육아 몰입'이었다. 어차피 다른 일을 할 여유가 없다면 차라리 육아에서 도파민을 찾아보자. 예컨대 책 육아를 중요시한다면 책 육아에 대해 공부하고 그에 알맞은 환경을 만들고 시기별로 전집을 들이는 데서 성취감을 느낄 수 있다.

간혹 '그런 거 다 자기만족일 뿐이야.'라고 엄마들의 열정을 비난하는 경우가 있는데, 자기만족이면 어떤가? 엄마는 만족하면 안 되는가? 내가 그걸 해서 좋다면 하면 된다.

식판의 다섯 칸을 예쁘게 채워 사진 찍어 SNS에 공유하며 만족감을 느끼는가? 그 자체가 즐겁다면 아이가 먹든 말든 유익한 일이다. 엄마표 놀이를 준비하는 일이 재밌는가? 거기서 성취감을 느낀다면 그것이 엄마의 놀이든 아이의 놀이든 훌륭한 일이다. 기나긴 육아 여정에 작은 뿌듯함이라도 줄 수 있다면 말이다.

유난히 하고 싶은 게 많고 열정적인 당신. 그런 사람이 자신의 욕구를 누르고 아이에게 시간과 에너지를 쏟는다는 건 아주 희생적인 일이다. 육아는 누구에게나 힘들다지만 자기 인생에 열정이 넘치던 엄마에게는 유난히 더 그렇다. 스스로를 향한 무한 칭찬이 필요하다.

열정 넘치는 엄마, 이것만은 꼭!

1. 건강한 자극이 필요하다
열정적인 엄마에게 쳇바퀴 돌듯 반복되는 일상은 너무 지겹다. 새로운 자극을 찾아 다니자. 아이와 함께라면 매일 같은 곳에서 노는 것보다 새로운 놀이터, 새로운 키즈카페, 새로운 공원을 찾아다니며 무료함을 탈피해 보자. 자유 시간이 있는 엄마라면 열정을 건강하게 쏟을 곳을 찾는 게 좋다. 꼭 직업을 통해서만 찾을 수 있는 건 아니다. 살림이든 독서든 취미 활동이든 운동이든 다 좋다.

2. 아이에게서 주인공 자리를 빼앗지 말자
열정적인 엄마들은 사업가 기질이 있는 경우가 많아서, 내 마음대로 아이의 인생 지도를 만들어버릴 위험이 있다. 하지만 엄마의 바람이 아닌 아이의 욕구와 선택에 중점을 둔다면 엄마의 기획력은 매우 큰 강점이 될 수도 있다. 아이의 재능을 파악하여 추진력 있게 밀어줄 수 있기 때문이다.

3. 아이 키우는 시간을 아까워하지 말자
무의미하게 흘러가는 시간이 아니다. 육아 덕분에 당신의 열정이 더욱 단단하고 옹골지게 여물 것이다. 내가 진짜로 원하는 게 뭔지, 이토록 간절한 게 뭔지 발견하고, 그 마음을 잊지 않고 잘 붙들어 놓으면 된다.

✛ 시간이 흐른다 ✛

내가 자랄 때는 몰랐다.
얼마만큼, 얼마나 빨리 자라고 있는지.
시간이 흐르는지도 몰랐다.
그냥 살다 보니 어른이 되었다.

아이를 키우다 보니
두려울 정도로 확 느껴진다.
1년이 얼마나 빨리 지나가는지,
시간이 얼마나 비가역적인지.

나 혼자였을 땐
과거도 현재도 미래도
그냥 나였다.
그런데 네가 태어난 뒤로의
과거와 현재와 미래는
너와의 관계 속에서
너무나 큰 차이를 보인다.

참 빨리 크는구나.

요즘 나는 자기 전에
답답하다며 버둥거리는 너를 껴안고 뒹군다.

잠깐만, 조금만 참아봐, 한 번만.

온몸으로 너를 느끼려 한다.
하루씩 하루씩 멀어져가는 너란 걸 알기에.

내가 육아 우울증이라니 • 76
육아 우울증을 꼭 치료해야 하는 이유 • 81
우울하지 않아도 우울증일 수 있다 • 86
우울증 약, 꼭 필요할까 • 90
예민한 엄마, 우울증에 더 취약하다 • 96

3장 우울의 바다에 빠지다

사랑이 식은 게 아니야.
난 조금 우울할 뿐이야.

내가 육아 우울증이라니

게으른 게 아니라 우울한 것이다

딱히 우울하다는 생각이 들지는 않았다. 다만 감정 조절이 어렵고, 심히 무기력했을 뿐이다. 걸핏하면 아이에게 화가 났다.

그토록 모성애가 지극했던 나인데, 아이를 사랑하는 감정은 여전한데 왜 이럴까? 아이와 함께하는 내내 화가 나는 통에 겨우 참아내는 상황이 지속되었다.

단순히 육아에 지쳐 본래 성질이 튀어나오는 걸까? 아이가 자라면서 덜 귀여워져서 그런가? 혹시 아이와 내가 성격이 안 맞는 걸까?

나중에 가서야 이러한 고민들이 우울감에서 비롯된 것임을 알게 됐다. '아이에 대한 사랑이 식은 게 아니었구나, 나는 병에 걸린 거구나.' 그제야 안도감에 눈물이 났다.

육아 우울증이 꼭 육아 자체로만 유발되는 것은 아니다. 아이를 키운다는 정신없는 상황에 처해 있기에 다른 스트레스 요인들을 관리할 여력이 없고, 육아 스트레스에 다른 스트레스가 더해져 감당할 수 있는 한계치를 넘어선다.

원래의 나라면 잘 다독였을 긴장, 잘 처리했을 갈등, 잘 감당했을 문제들인데, 엄마인 나는 그럴 시간이 없었던 까닭이다. 그저 덮어놓고, 회피하고, 대충 참고 그러는 동안 몸도 마음도 완전히 망가진 것이다.

일반적인 우울감이 이따금씩 내리는 비라면, 우울증은 몇 주간 연속으로 그치지 않고 폭우가 쏟아지는 것에 비유할 수 있다. 일반적인 우울감은 스스로의 의지로 극복이 가능한 데 반해, 우울증은 '우울의 바다'에 빠져 자신의 의지로만 극복할 수 없는 상태를 말한다.* 처음에는 물 밖으로 간신히 얼굴이 나와 있는 상태였지만 하루가 다르게 증상이 악화되었고, 나중에는 정신은커녕 몸까지 가누기 어려울 만큼 심한 우울의 바다에 빠졌다. 나는 평

---

* 유튜브 「정신과의사정우열」

소 멘탈 관리에 꽤 자신이 있는 편이었는데, 이 기간의 스트레스는 너무나 벅찼나 보다. 변해 가는 내 모습에 두려움이 몰려왔다.

온종일 누워 있고만 싶었던 것도 단순한 게으름이 아니라 우울증이 원인이었다. 감정 조절이 어려웠던 것도 내가 너무 예민해서가 아니었고, 단기간에 너무 살이 쪘던 것도 그냥 애 낳고 관리도 안 하는 아줌마가 된 게 아니라 우울증이 원인이었다.

집중이 안 되고 건망증이 심해졌던 것도 단순히 산만한 게 아니었고, 감정을 다스리는 데 온 에너지를 쓰느라 집중력이 떨어진 것이었다. 나는 무너져 내리고 있었다. 나의 몸과 마음이 살려달라고 울부짖고 있었다.

상태가 이러한데도 정신과의 문턱을 넘기는 쉽지 않았다. 정신과 약에 대한 두려움이 있었고, 무엇보다 무기력이 너무 심해 병원을 찾을 에너지조차 없었다. 기운 없이 누워 손만 까딱이던 내가 할 수 있는 일은 마지막 남은 힘을 쥐어짜 우울증에 관한 자료를 뒤지는 것뿐이었다.

정신과 의사 전홍진이 쓴 『아주 예민한 사람들을 위한 책』에 이러한 구절이 나온다.

"우울증이 왔다는 것은 지금의 방법으로는 더 이상 몸과 마음이 버티지 못하는 한계 상황에 도달했다는 뜻이다. 이때 도움을 받고 그것을 토대로 자신이 현재까지 해오던 방식을 변화시키려는 노력이 요구된다."

이 글을 읽고 생각했다. '아, 혼자의 노력으로는 더는 극복이 안 되는 상태구나. 그동안 나를 지켜온 방법들이 더 이상 먹히지 않는 지경이구나. 어쩐지, 기운을 내려고 기를 써도 안 되는 이유가 있었구나. 적극적인 도움이 필요하구나.'

정신과 의사 정우열이 쓴 『엄마니까 느끼는 감정』에는 이러한 설명이 나온다.

"우울증에 걸린 엄마는 아무 문제가 없지만, 우울증에 방치된 엄마는 아이뿐 아니라 가족 전체에게 문제가 된다."

정신이 번쩍 들었다. 나의 짜증으로 인해 시들어가는 아이의 얼굴이 떠올랐다. '내가 아이에게 무슨 짓을 하는 거지? 나와 아이를 방치하고 있었잖아.' 그 길로 바로 정신과의 도움을 구했다.

육아 우울증을
꼭 치료해야 하는 이유

우울한 엄마가 우울한 아이를 만든다

우울증을 '마음의 감기'에 비유하곤 하는데, 요즘은 이 표현을 부적절하다고 여기는 추세다. 우울증은 감기처럼 가벼운 질환이 아니기 때문이다.

정신과 의사 오카다 다카시는 우울증은 마음의 감기가 아니라 중증 폐렴이나 결핵에 비유하는 게 더 가깝다고 말한다.* 기력도 기쁨도 자신감도 흥미도 모두 다 빼앗긴, 그야말로 고통스러운 상태이기 때문이다.

---

* 『선생님, 저 우울증인가요?』(오카다 다카시 지음, 북라이프)

그가 말하는 우울증을 나타내는 9가지 증상은 다음과 같다.

1. **우울감** 깊은 절망감에 휩싸여 희망을 완전히 잃어버림
2. **무감정, 무관심** 거의 모든 활동에 기쁨을 느끼지 못함
3. **수면 장애** 불면증 혹은 과면증
4. **피로감, 활력 저하** 몸에 납덩이라도 달아놓은 듯 무기력
5. **실행 기능 장애** 집중력과 끈기가 줄어들어 집안일도 어려워짐
6. **정신 운동 장애** 두뇌 회전이 원활하지 못해 심한 짜증과 행동 지연
7. **체중과 식욕 변화** 심한 식욕 저하 혹은 과식
8. **자살에 대한 생각** 높은 빈도로 나타나는 증상
9. **죄책감과 무가치감** 존재 가치가 없다는 생각

아이를 키우는 엄마로서 가장 고통스러운 건 두 가지였다.

하나는 무기력증에 시달린 것이다. 이 고통의 시기 동안 나는 매일매일 물속에서 달리기를 하는 느낌이었다. 고작 밥 차리기, 청소기 돌리기, 씻기 같은 기본적인 일상 활동을 하는 데도 안간힘을 써야 했다.

그마저도 아이를 돌봐야 하니 겨우 몸을 움직였지, 만약 혼자 살았더라면 몇 날 며칠 침대에서 일어나지도 못했겠다 싶을 정도로 지독하게 무기력했다. 노골적으로 말하자면, 사는 것 자체가 귀찮게 느껴질 정도였다.

우울증이 얼마나 무서운가 하면, 아이를 사랑할 힘조차 바닥난다. 에너지 수준이 너무 떨어지다 보니 육아가 고역이었다. 소문난 아들 바보였던 내가 아이를 완전히 놔버릴 정도였다.

걸핏하면 아이에게 화가 났고, 혼자 있고 싶다는 생각만이 머릿속을 지배했다. '아이를 망칠 것 같다.'는 두려움에 꾸역꾸역 억지웃음을 지으며 최소한의 엄마 역할을 이어 가려 기를 썼지만 소용없었다.

그토록 활발했던 아이가 점점 생기를 잃어가는 것이 보였다. 안간힘을 쓸수록 나는 더 지쳐갔고, 나도 모르게 싸늘한 눈빛과 차가운 말투로 매일 아이에게 상처를 주고 있었다.

아이를 사랑하지 않는 게 아니었다. 다만 사랑할 힘이 없을 뿐. 그것이 육아 우울증이다. 목숨보다 소중한 아이마저 사랑할 수 없게 되는 무서운

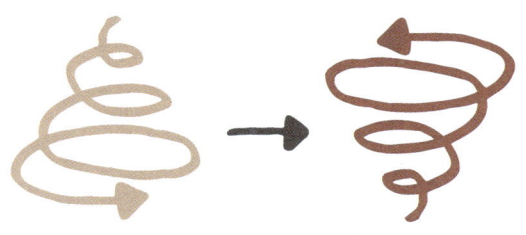

하강 나선, 상승 나선*

---
*『우울할 땐 뇌과학』(알렉스 코브 지음, 심심 출판사)

병이다. 그 죄책감은 이루 말할 수 없이 크다. 아이가 밉다는 감정을 느끼는 순간 죄책감이 밀려오며 더욱더 우울해진다. 몸과 마음의 에너지가 하강 나선을 타고 걷잡을 수 없게 곤두박질친다. 우울증에 걸린 엄마는 우주에 혼자 남겨진 미아처럼 두려움을 느낀다.

또 하나는 부정적인 사고가 나를 잠식해 가는 것이었다. 모든 것이 부정적으로 보였다. 활기를 되찾고 싶어서 아무리 발버둥을 쳐도 우울의 늪으로 점점 빠져 들어갔다.

다시는 행복할 수 없을 것 같다는 두려움이 몰려왔으며 '이런 내가, 이렇게 내 멘탈 하나도 제대로 관리하지 못하는 내가 한 아이를 키워낼 수 있을까? 자격 없는 내가 괜히 아이를 낳아서 불행을 대물림하는 건 아닐까?'라는 생각이 점점 더 나를 옥죄여 왔다.

부정적인 눈은 아이와 남편에게도 향했다. 나는 아이의 미운 점만 크게 보았고, 남편의 부족한 점을 곱씹기 바빴다. 한때 웃음이 넘치던 단란했던 우리 가족은 온데간데없고, 살얼음판을 걷는 듯한 살벌한 분위기가 이어졌다. 이 모든 게 나 때문이라는 생각에 더욱더 자괴감에 빠졌다. 가장 큰 피해자는 아이였다. 무엇보다 중요한 엄마의 사랑과 관심이 부재했으니 말이다.

우울증을 겪는 시기에 유치원에서 "아이가 예전 같지 않다."는 전화를 받고서 크게 충격을 받았다. 그때 나는 절규했다. '이거 꼭 고치고 말겠다.'고.

그나마 나는 육아 우울증이 늦게 온 편이라 그동안 쌓아놓은 애착으로 비교적 수월히 버텼던 것 같다. 아이가 어릴수록 지체하지 말고 전문가의 도움을 받기를 권하고 싶다. 내가 만약 우울증이라는 키워드를 놓쳤다면 적극적으로 도움을 구하지 못했을 테고, 그랬다면 모든 괴로움을 아이 탓으로 돌렸을 것이다. 아이는 나를 불행하게 만드는 원망의 대상이 되었을 것이고 관계는 나락으로 떨어졌을 게 분명하다.

하지만 우울증에 걸렸다고 너무 좌절할 필요는 없다. 빛이 있으면 어둠이 있듯이, 어둠이 있으면 빛이 있는 법. 적절한 도움을 받는다면 그동안 나를 괴롭혔던 묵은 상처들을 털어내고 나쁜 습관들을 바꿀 수 있는 절호의 기회가 될 수 있다. 그만큼 간절하기에 필사적으로 임할 수 있기 때문이다. 나는 힘들었던 시간이 이제는 감사하게 느껴질 정도로 많은 긍정적 변화를 겪었기에 조금은 편안한 마음으로 위로를 건네고 싶다.

상태를 가만히 점검해 보고, 필요하면 꼭 치료를 받자. 소중한 아이를 위해서 그리고 소중한 나를 위해서.

엄마의 우울감은
아이에게로 흐른다.

우울하지 않아도 우울증일 수 있다

육아 우울증은 주로 비정형적 우울증으로 온다

우울증에는 전형적 우울증과 비전형적 우울증, 두 종류가 있다. '우울한 기분'이 주요 증상이 아니어도 우울증일 수 있다는 점을 명심해야 한다. 특히 엄마들은 단순히 우울하기보다 주로 화가 나는 일명 '화병'의 모습으로 우울증이 찾아올 수 있다.

비전형적 우울증은 전형적 우울증과 증상이 달라서 본인이 우울증에 걸렸다는 사실을 자칫 놓칠 수가 있다. 치료가 늦어지면 그만큼 증세가 심해질 수 있기에 주의해야 한다. 전형적 우울증과 비전형적 우울증의 차이는 다음과 같다.

전형적 우울증 환자는 식욕이 감소해 밥을 잘 안 먹기에 체중이 줄고 말라간다. 하지만 비정형적 우울증은 그 반대다. 식욕이 증가하여 오히려 폭식이 나타나고 그에 따라 체중도 증가한다.

그리고 전형적 우울증 환자는 잠을 잘 못 자는 반면, 비정형적 우울증 환자는 과수면 증상이 나타난다. 하루의 반 이상을 자도 피곤하고, 아무리 많이 자도 개운하게 깨지를 못한다. 온종일 졸려서 아무 일도 할 수가 없다. 몸이 물에 젖은 솜처럼 무거워 사지를 움직일 수 없는 현상도 일어난다.

또 전형적 우울증 환자는 뭘 해도 기분이 좋아지지 않는다. 좋은 일이 생겨도 우울하고, 처진 기분의 변동성이 거의 없다. 하지만 비정형적 우울증은 다르다. 좋은 일이 있으면 기분이 좋아진다. 놀 때는 신나게 놀고, 재밌으면 깔깔 웃기도 한다. 그렇기에 본인도 타인도 우울증을 의심하기가 쉽지 않다. 그래서 '억울한 우울증'이라 불리기도 한다.

나도 비전형적 우울증을 겪었는데, 하마터면 우울증임을 눈치채지 못하고 치료를 못 받을 뻔했다. 몇몇 증상이 일반적 우울증과 완전히 반대 양상을 보였기에 아니라고 생각했다. "감정 조절이 안 되네, 요새 내가 왜 이렇게 게으르고 성격이 더러워졌지?" 하며 하루하루 스스로를 채찍질하며 이를 악물고 버텼었다.

그러다 사지가 납덩이처럼 무겁게 느껴져서 배달 음식을 받으러 현관문까지 나가는 것조차 어려워졌을 때가 돼서야 '정말 무언가 이상하다.' 싶어 남은 힘을 쥐어짜 인터넷을 뒤지기 시작했고, 비정형 우울증의 존재를 알 수 있었다.

  엄마들의 우울증에는 비정형 우울증이 많다고 한다. 그저 스트레스가 너무 많이 쌓여서 폭식으로 푼다고, 피로가 너무 많이 쌓여서 자도 자도 피곤하다고 쉽게 넘기지 말자.

  감정 조절이 너무 안 된다면, 게으름이라 부르기 민망할 정도로 파김치가 됐다면 비정형적 우울증을 의심해 보자. 무조건 참지만 말고 적당한 시기에 적절한 도움을 받는다면 소중한 아이와의 시간을 짜증과 싸움으로 낭비하지 않을 수 있다.

우울증 환자는 회복을 위해
노력할 최소한의 힘조차 없다.
이때 우울증 약이
부목 역할을 해줄 수 있다.

우울증 약, 꼭 필요할까

약이 부목 역할을 해줄 수 있다

다른 어떤 병원보다 가기 힘든 곳, 바로 정신과다. 다른 어떤 약보다 내키지 않는 약, 바로 정신과 약이다. 나 역시 그랬다. 약의 도움 없이 극복해 보고자 꽤 오랜 시간을 끌었다. '까짓거, 내가 바보 천치도 아니고 내 기분 하나 어떻게 조절을 못 하겠어.' 하고 생각했다.

하지만 이내 알게 되었다. 한번 부정적 하강 나선에 들어선 호르몬 시스템을 의지만으로 회복하기 불가능하다는 것을. 다짐만으로 벗어날 수 있다면 그건 우울증이 아닌 것을.

그때는 우울증의 정체도 모른 채 "운동도 하고, 좋은 생각만

하다 보면 나아지겠지!"라고 스스로를 타이르며 버티기만 했었다. 지금은 저 말을 가장 싫어한다. 지나 보니 우울증 환자에게는 최악의 조언이었다.

꾸준히 운동하라고? 손가락 하나 까딱할 기운도 없는데 운동을 어떻게 해.

잠을 잘 자야 한다고? 그게 내 마음대로 되면 뭐가 문제겠어.

푹 쉬라고? 애는 누가 보고.

긍정적으로 생각하라고? 장난하나.

약의 도움 없이 회복된다면 더할 나위 없이 좋을 것이다. 아주 건강하고 다정한 누군가가 옆에서 도와준다면 가능할 수도 있다. 상상해 보자. 만약 긍정적인 기운이 넘치는 남편이 늘 곁에서 사랑으로 이끌어주며 매일 함께 산책해 주고, 모든 스트레스를 없애주고, 한탄을 들어주고, 웃음만을 준다면 약 없이도 치유될 수 있지 않을까. 그런데 그게 가능한 상황이었다면 애초에 육아 우울증에 걸리지도 않았을 것이다.

내 경우만 봐도 남편도 나만큼이나 지쳐 있어 도움은 바랄 수도 없었다. 누군가의 돌봄이 간절한 상황이었지만 편하게 손내밀 곳 없으니 이를 악물고 아이를 돌봐야 할 수밖에. 내가 못 버티면 끊임없이 엄마의 손길이 필요한 우리 아이는 어떻게 되겠는가. 이런 생활의 반복 속에서 나의 우울증은 더욱 깊어만 갔다.

우울증 환자는 회복을 위해 노력할 최소한의 힘조차 없다. 이때 우울증 약이 부목 역할을 해줄 수 있다. 우울증은 뇌의 호르몬 시스템이 고장난 것이다.

우울증에는 여러 가지 신경 전달 물질이 관여하는데, 특히 세로토닌 수준이 떨어진 경우가 많다. 세로토닌은 감정을 조절하고 행복감을 느끼게 해주는 대표적 호르몬이다.

가장 많이 쓰이는 SSRI 계통의 우울증 약은 뇌의 세로토닌 농도를 높여주어 다시 일어설 힘을 준다. 우울증 환자에게 필요한 규칙적인 식사와 수면, 운동, 사람 만나기, 좋은 생각하기 등을 가능하게 해준다.

약 복용 초기에는 메스꺼운 증상과 함께 졸리고 무기력증이 더 심해지는 느낌이 들어 절망했지만, 2주쯤 지나자 신기하게도 점차 활력을 되찾을 수 있었다.

기분이 좋아졌고 몸이 다시 마음대로 움직여졌다. 멍해졌던 머리가 맑아지며 기억력과 집중력이 회복됐다. 산책하며 불어오는 바람에 기쁨을 느끼고, 좋은 음악을 들으며 미소 지을 수 있게 되었다. 짹짹거리는 새들이 예뻐 보였다. 점차 에너지가 회복되어 아이와 다시 깔깔 웃으며 춤출 수 있게 된 어느 날 밤에는 아이를 재우고 많이 울었다.

우울증 약은 플라시보(위약) 효과일 뿐이라는 주장도 있다. 하지만 약을 먹고 머릿속의 안개가 깨끗이 사라지는 경험을 한 나 같은 사람들은 이에 동의할 수 없을 것이다.

몸을 일으킬 기운조차 없다가 약효 덕분에 콧노래를 부르며 파워 워킹을 하게 되었으니, 적어도 나에게는 분명 효과가 있었다. 우울증 약이 잘 듣지 않는 사람도 많다고 하는데, 그런 면에서 나는 행운이었다.

우울의 바다에 빠진 상태라면 용기 내어 정신과를 찾아가보자. 바다에서 허우적대고 있는 환자에게 우울증 약은 구원의 튜브와도 같다. 튜브를 잡고 헤엄치면 훨씬 편하고 빠르게 바다에서 빠져나올 수 있다. 너무 오래 끌지 말자. 어쩌면 당신은 튜브를 잡기 위해 손을 뻗는 일조차 버거운 상태일지 모른다.

그러나 우울증 약이 신경 전달 물질의 분비량 자체를 늘리지는 못한다. 결국 우리 몸에서 신경 전달 물질이 잘 생성되도록 스스로 일상을 관리해야 한다. 약의 도움으로 에너지가 생겼다면, 그때부턴 나를 여기까지 몰고 온 요인이 무엇인지 파악하고 정돈해야 한다. 이때 상담의 도움을 받으면 좋다.

우울증의 효과적인 치료법은 약물 치료와 상담으로 알려져 있으며, 둘을 병행하는 것이 가장 좋다.

	정신과 약 처방	심리 센터 상담
전문가	정신과 전문의	상담 심리 전문가
상담 시간	10분 전후	1시간 전후
비용	1회 1만 원 전후	1회 10만 원 전후
효과	빠르다(몇 주~몇 달)	느리다(몇 달~몇 년)
치료 대상	증상 치료	심리적 원인 치료

예민한 엄마, 우울증에 더 취약하다

예민한 기질의 엄마들을 위한 위로

개인의 정신 건강은 생물학적·심리적·사회적 환경의 합작이다. 여기서 생물학적 상태와 심리적 상태가 겹치는 곳에 '기질'이 있다. **예민하고 까다로운 기질을 타고난 사람은 사실상 정신 건강 점수가 마이너스부터 시작하는 것이다.** 날 때부터 방해물을 탑재하고 태어났기에 울며 겨자 먹기로 자기 조절력이 발달하게 된다. 스스로 쉽게 지치고 다운되는 것을 알기에 자기에게 알맞은 환경을 조성하며 생존한다.

기질의 반대편에 사회적 환경이 있다. 예민하고 까다로운 기질의 사람이 환경마저 스트레스가 많으면 정신 건강에 심각한

악영향이 생긴다. 그런데 놀랍게도 환경이 좋은 경우에는 오히려 다른 사람들보다 앞설 수 있다고 연구되고 있으니 사회적 환경이 그만큼 중요하다는 것을 알 수 있다.

육아하는 엄마의 사회적 환경을 생각해 보자. 일단 사람을 별로 만날 수가 없다. 아이가 나의 최측근이며, 아이와의 관계가 가장 강렬한 영향력을 미치는 인간관계가 된다. 그런데 아이는 엄마를 별로 배려해 주지 않는다. 육아는 그 본질상 한쪽이 많이 참고 도를 닦아야 하는 관계일 수밖에 없다. 유일한 친구는 퇴근 후 돌아오는 지친 남편이다. 그런데 남편과의 관계도 예전 같지 않다. 부부끼리는 절대 동업하지 말라는데, 육아는 일생일대의 동업이 아닌가. 우리는 무의식중에 서로를 판단하고 정죄하며 이전만큼 서로를 심플하게 사랑하지 못한다.

여기에 설상가상으로 까다로운 기질의 부모는 까다로운 기질의 아이를 낳을 가능성이 크다. 콩 심은 데 콩 난 걸 어찌하겠느냐마는, 이런 경우 엄마의 환경은 더욱 열악해진다. 까다로운 기질의 아이는 부정적인 정서를 타고나고, 육아가 아주 힘들어진다. 예민한 엄마가 겨우 유지하고 있던 평정심을 깨뜨린다. 엄마는 자신의 삶을 통해 직관적으로 환경의 중요성을 인식하고 있기에 자식에게 좋은 환경을 만들어주기 위해 애를 쓰다가 지쳐

쓰러진다. 그러므로 까다로운 엄마가 까다로운 아이를 키운다면 생물학적·사회적·심리적 환경이 3중으로 정신 건강을 위협하는 상태이다. 이 책을 읽는 누군가가 그런 경우라면 당신의 힘듦을 안다고 위로하고 싶다.

우울증 약은 생물학적 요인을 완화해 주고, 심리 상담은 심리적 영향을 도닥여준다. 그렇게 도움을 받아 에너지가 회복되면 스스로 내 환경을 관리하는 연습을 하고 좋은 습관들을 만들려고 노력할 수 있다. 그 과정은 힘들고 더디다. 하지만 아이러니하게도 이를 통해 우리는 꾸역꾸역 붙들고 있던 가면을 벗고 진짜 나다운, 편안한 삶을 살 수 있게 된다. 진짜로. 지금이 바로 기회다.

힘든 엄마들이 많을 것이다. 다 놓아버리고 싶을 만큼, 희망이 보이지 않는, 영원한 절망에 빠진 듯한, 힘든 시간을 보내고 있는 엄마들이 많을 것이다. 힘들었구나, 쉼이 필요하구나, 그렇게 나를 다독일 수 있으면 좋겠다. 그 시간이 영원하지 않다고 말해 주고 싶다. 지금 그 모습은 당신의 본모습이 아님을, 잠시 지나가는 아픈 바람임을 잊지 말았으면 좋겠다.

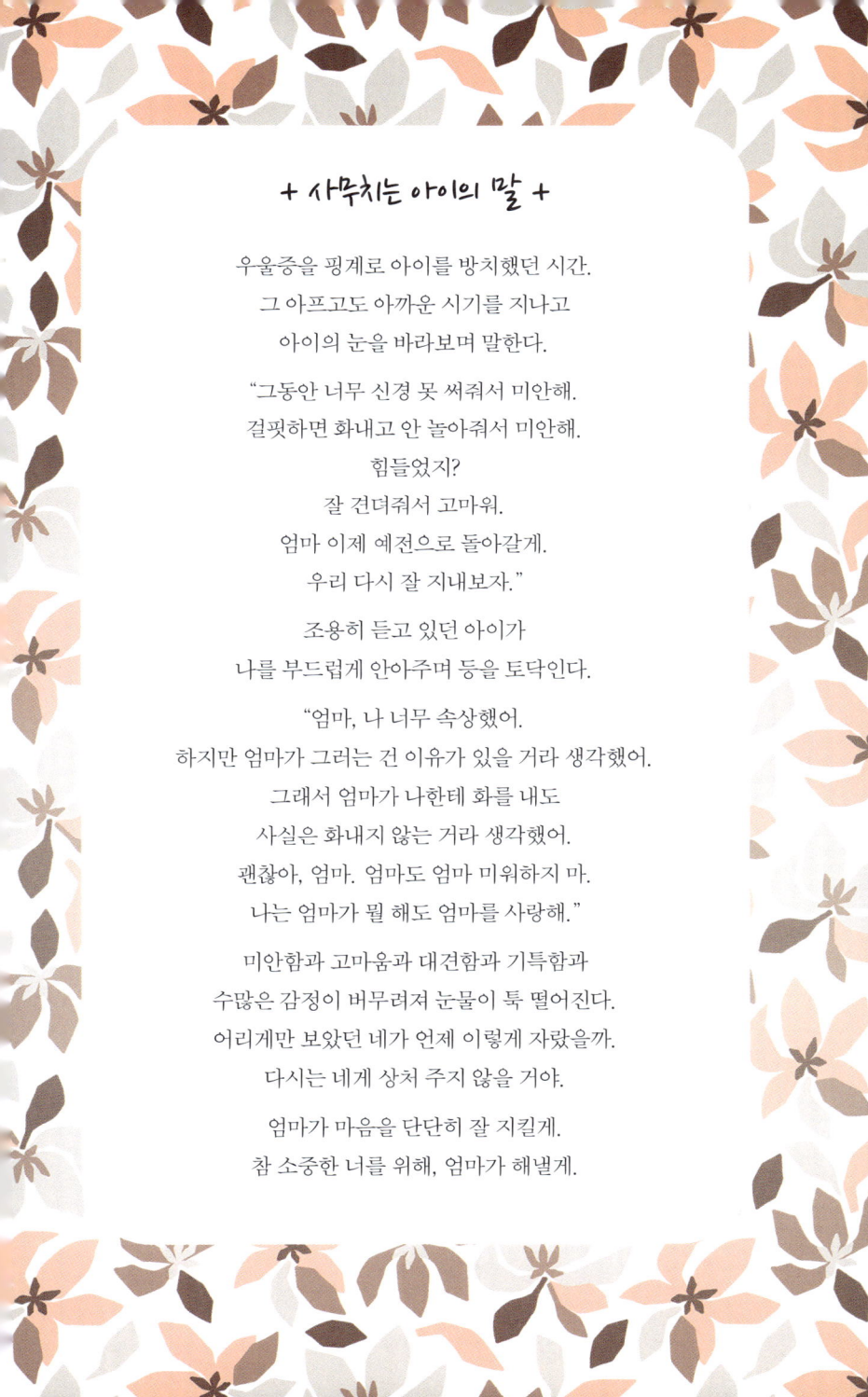

✤ 사무치는 아이의 말 ✤

우울증을 핑계로 아이를 방치했던 시간.
그 아프고도 아까운 시기를 지나고
아이의 눈을 바라보며 말한다.

"그동안 너무 신경 못 써줘서 미안해.
걸핏하면 화내고 안 놀아줘서 미안해.
힘들었지?
잘 견뎌줘서 고마워.
엄마 이제 예전으로 돌아갈게.
우리 다시 잘 지내보자."

조용히 듣고 있던 아이가
나를 부드럽게 안아주며 등을 토닥인다.

"엄마, 나 너무 속상했어.
하지만 엄마가 그러는 건 이유가 있을 거라 생각했어.
그래서 엄마가 나한테 화를 내도
사실은 화내지 않는 거라 생각했어.
괜찮아, 엄마. 엄마도 엄마 미워하지 마.
나는 엄마가 뭘 해도 엄마를 사랑해."

미안함과 고마움과 대견함과 기특함과
수많은 감정이 버무려져 눈물이 툭 떨어진다.
어리게만 보았던 네가 언제 이렇게 자랐을까.
다시는 네게 상처 주지 않을 거야.

엄마가 마음을 단단히 잘 지킬게.
참 소중한 너를 위해, 엄마가 해낼게.

개척자가 된 요즘 엄마들 • 102
육아가 힘들었던 진짜 이유 • 108
내 안의 어린아이를 돌보자 • 111
심리 상담으로 찾은 안전 기지 • 115
네 잘못이 아니야 • 120
스스로의 친구가 되어주자 • 126
tip 자신과 친구가 되는 연습을 하자 • 131
느끼기 그리고 흘려보내기 • 132

4장

마음속 블랙홀에서 벗어나다

마음 한구석에 블랙홀이 있었다.
행복을 집어삼키는 블랙홀을 갖고 지냈으니
나답게 살지 못할 수밖에.

개척자가 된
요즘 엄마들

감정에 과부하가 걸린다

 우리는 아이들의 감정을 수용해 주라고 배웠다. 훈육할 때도 행동은 제한하되 감정은 수용해 줘야 한다는 얘기, 아마 엄마라면 누구나 들어봤을 것이다. 감정에는 옳고 그름이 없고, 모든 감정은 온전히 수용되고 소화되어야 한다고, 그래야 건강한 자아상이 자랄 수 있다고 말이다. 억압된 감정이 쌓이면 가슴속에 평생 남아 주인을 괴롭힌다고 한다.

 심리학과 뇌과학이 발달한 덕에 우리는 감사하게도 아이의 마음을 섬세히 돌볼 수 있게 되었다. 이렇게 존중받으며 자존감 높게 자란 아이들이 얼마나 행복한 삶을 살게 될지 기대가 된다.

자기 자신을 있는 그대로 사랑하며 편안하게 자기답게 살 수 있겠지. 그런데 엄마들은 어쩐담?

우리는 사랑하는 자식의 마음을 돌보고 기질대로 인정하며 키울 수 있는 축복 받은 첫 세대이자, 한편으로는 나는 받아보지 못한 그것을 죽어라 배워서 행해야 하는, 그로 인해 죄책감과 불안에 시달리는 저주받은 세대이기도 하다. 요즘 엄마들이 너무 힘든 이유 중 하나겠지.

육아서에서 강조하는 내용과 주변 어른들의 가이드가 너무 달라서 불안하고, 머리와 마음이 따로 놀아 갈팡질팡하다 죄책감이 든다. 배운 대로 해놓고도 이것도 어떤 영향을 미칠까 확신이 없어 걱정스럽다. 한마디로 육아에 자신감이 없다. 육아 효능감이 떨어지고, 자존감은 바닥이고 우울증은 이제 엄마들의 친구다.

우리는 예민한 걸 잘못이라 여기며 살았는데, 이제는 아이의 예민함을 긍정적으로 봐줘야 하는 시대. 우리는 불안한 걸 말도 못하고 자랐는데, 이제는 아이의 불안을 들어주고 코칭까지 해줘야 하는 시대. 우리는 산만해서 혼나고 살았는데, 이제는 아이의 산만함은 개성으로 봐줘야 하는 시대. 우리는 찍소리 못하고 부모님 말에 순종해야 착한 아이었는데, 이제는 아이의 자기주장을 격려해 줘야 하는 시대. 우리는 미지의 세계에 뛰어든 개척자다. 이게 쉬울 수가 있나.

아이에게 이런 식으로 감정을 읽어주라고 배운다. '어떤 기분이었어? 그랬구나. 그런 기분이었구나. 뭐라고 말하고 싶었어? 어떻게 했으면 좋았을까?' 맙소사, 이건 심리 상담 선생님이 내게 해주는 코칭과 다를 바가 없다. 전국의 엄마들이 상담학을 공부해야 할 판이다. 자신도 상담이 필요한 엄마들이 이를 악물고 아이들의 상담 선생님이 되어주고 있다. 그야말로 영혼까지 끌어모아, 오로지 모성애 하나로 버틴다.

엄마들은 육아의 시작부터 복잡한 마음을 안고 출발선에 선다. 어려서부터 '이건 잘못된 마음이야.'라며 차곡차곡 억압해서 숨겨놓은 감정들을 깔고 시작하는 것이다. 어찌나 꽉꽉 눌러놨는지 스스로 인식조차 할 수 없는, 그러나 분명히 존재하는 소용돌이. 해소하지 못한 나의 감정들 위에 내가 삼킨 아이의 감정들이 하나둘 얹어진다. 쌓아놓은 게 많은 엄마일수록 금방 포화상태가 될 수밖에. 엄마는 더는 아이의 감정을 받아줄 여유가 없고, 참다 참다 우울해지거나 버럭 화를 내는 일상이 반복된다. 엄마들의 그 죄책감은 이루 말할 수 없다.

'나는 왜 이렇게 아이의 감정을 받아주지 못할까, 나는 왜 이렇게 참을성이 없고 성격이 더러울까, 나는 엄마 자격이 없는 걸

까, 내 아이는 어떻게 자랄까, 큰일이다.'

흔히들 육아의 고충을 이야기할 때 먹이고 재우고 놀아주기 힘든 영유아기를 예로 들지만, 내 생각에 육아의 팔 할은 '아이의 감정 받아주기'가 아닐까 싶다. 배고프다고 졸리다고 응애응애 우는 갓난아이부터 시작되는 감정 받아주기는 떼쓰기와 말대꾸를 지나 학업 뒷바라지까지 쭉 이어진다.

아이의 감정만 내 몫인가? 회사 일에 지친 남편, 나이 들어가는 외로운 어른들의 감정 출구도 되어줘야 한다. 엄마는 한 가정의 정서적 가장이 된다. 정작 내 감정은 느낄 새도 없이, 내 마음은 돌볼 새도 없이 한 해 한 해 바람처럼 흘러간다.

그래서 비워내야 한다. 꽉꽉 차서 터져버리기 전에, 엄마들은 끊임없이 마음을 비워내야 한다. "마음의 여유가 없다."는 표현이 있다. 음식이 소화될 틈도 없이 먹고 또 먹으면 체하는 것처럼, 감정도 소화하고 흘려보내야만 마음에 공간이 생긴다. 누르고 눌러 압축할 줄만 알았지, 비워내는 법을 몰랐던 나 역시 힘들었다. 결국 조금의 공간도 남지 않을 만큼 마음이 꽉 차버렸다.

아이의 징징대는 소리에 가슴이 터질 거 같아서, 그래서 핑퐁처럼 부정적인 감정을 아이에게 돌려주고, 아이는 더 불어난 부정 덩어리를 또다시 내게 던지고. 그 어두운 기운은 집 안을 둥둥 떠다니며 분위기를 잠식했다.

  이제부턴 내가 만들어간다. 수많은 육아서를 통해 배운 '아이를 올바로 사랑하는 법'을 내게 적용하면 된다. 내가 나를 적극적으로 아껴주고 사랑할 테다. 나부터 나를 위로하고 보듬고 챙겨보자. 그리고 비워낸다, 말로 글로 기도로. 누구보다 소중하고 귀한 존재인 나. 우린 모두 이겨낼 수 있다. 내 아이에게 웃어주고 싶다는, 세상 무엇보다 강력한 동력이 있으니까.

육아가 힘들었던 진짜 이유

자존감 높은 엄마 vs. 자존감 낮은 엄마

엄마들이 자식을 떠올릴 때 뇌에서 활성화되는 부위는 자기 자신을 떠올릴 때 활성화되는 부위와 동일하다고 한다. 남편이나 부모 등 다른 가족을 떠올릴 때는 그렇지 않다고 하니 엄마들이 본인과 자식을 동일시한다는 근거가 될 수 있겠다.

그렇기에 자존감이 높은 엄마, 즉 자신을 있는 그대로 사랑하는 행복한 엄마는 육아가 덜 힘들다. 반면 자존감이 낮은, 즉 자신이 마음에 들지 않고 상처가 많은 엄마는 육아가 더 힘들다.

"왜 나의 단점을 닮았니?"

내가 싫어하는 내 모습이 아이에게 보일 때 난 몹시 불안했다.

예를 들자면, 나는 심리적으로 무척 예민하여 평범한 일상에서도 에너지 소모가 심한 편이다. 희로애락을 강렬하게 느껴 쉽게 감정에 압도되고 남의 눈치를 많이 보느라 피로하다. 이 점을 아이가 닮았다는 걸 알았을 때 절망스러웠다. 나처럼 피곤하게 살겠구나 싶어서.

하지만 만약 내가 내 예민함을 긍정적으로 누리며 살았다면 어땠을까. 슬픔보다 환희를 느낄 일이 훨씬 많았더라면, 혼자 눈치 볼 일보다 함께 사랑할 일이 훨씬 많았더라면. 그래도 나는 민감한 너의 모습에 속상했을까? 아니, 오히려 기뻤을 것이다.

'나처럼 많은 기쁨과 사랑에 충만하게 살겠구나, 너와 함께 세상의 아름다움을 만끽하고 싶다.' 하며 아이의 예민함을 사랑스러운 눈으로 바라볼 수 있었을 테지.

마음이 너무 여린 점도 나를 닮은 거 같아서 싫었다. 나는 병원에서 일할 뻔했지만 대학병원 특유의 슬픈 분위기를 견딜 수 없어서 병원 취직을 포기했다. 병원에서 실습만 하고 나와도 감정을 추스르느라 하루 종일 끙끙 앓아야 했다. 또 나는 갈등을 잘 견디지 못한다. 갈등을 미연에 방지하려고 온힘을 다 쓰고, 때로는 '좋은 게 좋은 거다.'며 억울함을 안고 가다 속이 곪기도 했다. 나는 내가 참 이상한 사람이라고 생각했다. 그러나 나의 이런 면을 단점이 아닌 장점으로 보고 활용하며 살았다면 어땠을까? 나는 이제야 나의 이런 평화주의적인 면이 좋은 자질이 될 수 있단 걸 깨닫고 선하게 활용하고 싶다는 생각을 한다.

결국 나를 아프게 하는 건 나였다. 내 안의 얽히고설킨 실타래를 풀어야 아이를 편안히 사랑할 수 있다는 사실을 깨닫자 나는 용기를 내야만 했다. 그 여정은 나를 행복한 엄마를 넘어 보다 행복한 사람으로 이끌어줬다.

'신은 왜 이렇게 육아를 힘들게 만들었을까?' 하는 고민을 해본 적이 있다. 어쩌면 나는 그 답을 찾은 것 같다. 신은 우리에게 묵은 상처를 털어낼 기회를 주신 거였다. 아이에게 좋은 엄마가 되고 싶다는 간절한 마음은 그 어떤 동기보다 강력했다. 육아가 계속 내 마음 깊숙한 곳을 자극해 준 덕에, 나는 마주하기 아파서 덮어놓고 외면했던 마음속 블랙홀의 정체를 파악할 수 있었다.

엄마가 되지 않았더라면 평생 떨치지 못했을, 콕콕 찔리면서도 그냥저냥 안고 살아갔을 그 가시들은 내가 미처 흘리지 못했던 눈물을 머금고 있었다. 나에게 필요했던 건 위로였다. 울지 못했던 과거의 나를 대신해 충분히 슬퍼해 주고 충분히 울어주고 충분히 나 자신을 위로했을 때, 비로소 시끄러웠던 마음이 고요해짐을 느꼈다.

내 안의 어린아이를 돌보자

상처 입은 내면 아이란?

 엄마들이 아이를 키우며 느끼는 많은 감정이 실은 상당 부분 어릴 적 경험에서 비롯한다고 한다. 엄마들은 무의식중에 자신의 어린 시절을 아이에게 투영한다. 아이의 감정에 매우 민감하게 이입된다면 한 번쯤 진지하게 생각해볼 문제다.

 나는 지금 아이의 마음에 공감하는 것인가, 아니면 깊숙한 곳에 묻어둔 나의 아픔이 꿈틀대고 있는 것인가. 아이를 키우다 보면 숨겨놨던 형형색색의 상처들이 모습을 드러낸다. 그래서 엄마들은 아프다. 상처가 많은 사람일수록 더 많이 아프다.

 불안에 시달려본 엄마는 아이가 불안함을 느낄까 봐 전전긍

궁한다. 외로움에 사무쳐본 엄마는 아이가 외로울까 봐 아이를 놓지 못한다. 가슴 아프게 울어본 엄마는 아이의 울음소리에 심장이 찢어질 듯한 고통을 느낀다. 아이의 정서를 섬세히 돌보는 것은 중요하지만, 그 과정에서 엄마가 지나치게 고통스럽다면 적신호다.

아이의 눈물에 그토록 민감하게 반응했던 이유는 사실, 아이가 꼭 어린 나처럼 느껴졌기 때문이다. 슬퍼하던 아이가 내 위로로 이내 방긋 웃으면 내 안의 어린아이가 따라 웃곤 했다. 아이가 사랑에 충만하여 밝게 자라는 모습이 큰 기쁨이자 치유였다.

이렇게 어린 시절에 각인된 감정들이 무의식 속에 그대로 남아 있다는 걸 설명하는 개념이 '내면 아이'다. 특히 어둡고 부정적인 감정에 초점이 맞춰지곤 하는데, 어린 시절에 겪었던 상처는 마음 깊숙이 자리하여 성인이 되어서도 내면 아이의 상처가 자극되는 상황에 처하면 참을 수 없는 고통이 올라온다고 한다.

예를 들어 어린 시절에 무시당해 괴로웠던 엄마는 아이가 말을 듣지 않을 때 필요 이상으로 분노한다. 또 어린 시절에 충분히 사랑받지 못해 외로웠던 엄마는 아이에게 끊임없이 사랑을 확인하려 든다. 그러므로 과거의 상처가 원인이 되어 육아가 힘든 엄마라면 울고 있는 내면 아이를 위로하고 치유하는 것을 우선해야 한다.

그러면 육아가 훨씬 수월해질 수 있다.

당신을 힘들게 하는 감정의 뿌리는 무엇일까. 아이를 키우며 '지나치게 애쓰게' 되는 부분이 있다면 그것이 바로 오랜 결핍과 연관된 것일 수 있다.

내 안에는 외로웠던 아이가 울고 있었다. '의젓한 아이'라는 정체감으로 아이답게 지내지 못했던 아이가 외로워하고 있었다. 버거워하고 있었다. 그렇게 불안한 어린아이가 어른의 가면을 쓰고 괜찮은 척하고 있었다. 자기도 아이면서 아이를 키우고 있었다.

언제나 시끌시끌 복잡했던 내 마음, 그 괴로움의 정체가 이거였구나. 외면하고 억압했던 오래된 감정들이 얽히고설켜 독이 됐구나. 아, 내가 이렇게 힘들었구나. 실은 이렇게 외로웠구나. 실은 이렇게 불안했구나. 내 마음을 돌보지 못했구나. 주인에게 외면받고 방치된 내 마음은 점점 더 곪아가고 있었구나. 그렇게 조금씩, 나는 나를 위로할 수 있게 되었다.

정신과 의사 유은정은 내면 아이의 치유를 '과거의 나와 현재의 나 사이에 대화의 다리를 놓아주는 것'이라고 설명한다.[*] 그래야만 어린 시절 미처 학습하지 못한 것들을 배울 수 있다고. 제대로 싸우

---

[*] 『내가 예민한 게 아니라 네가 너무한 거야』 (유은정 지음, 성안당)

는 법, 제대로 화해하는 법, 제대로 사랑하는 법, 제대로 이별하는 법, 무엇보다 제대로 다시 일어서는 법을 마음속 어린 나에게 가르쳐줘야 한다고 말한다. 어른이 된 내가 어린 나를 위로하는 것이다.

나는 어린 시절로 돌아가, 특정 에피소드 속 벙찐 나에게로 다가가 이렇게 말해 주었다. "너는 네가 생각하는 거보다 훨씬 가치 있고 자원이 많고 사랑스러운 사람이야."

너무 신기한 게, 진짜 위로가 되더라. 엉엉 눈물이 날 만큼.

무엇보다 제대로 다시 일어서는 법을
마음속 어린 나에게 가르쳐줘야 한다

심리 상담으로 찾은
안전 기지

내 마음을 들여다보자

　내면 아이를 만나는 작업이 쉽지만은 않다. 나만 해도 육아서에서 내면 아이와 관련한 내용을 여러 번 접했으나 처음에는 별로 공감이 되지 않았다. 내 마음에는 울고 있는 어린아이가 없는데? 너무 잘 숨겨 놔서 나조차 꺼낼 수가 없었던 거다. 우울증으로 바닥을 치고 나서야 마음이 산산조각나면서 봉인돼 있던 상처들이 튀어나왔다. 헤아릴 수 없이 많은 감정들, 기억도 나지 않던 에피소드들, 감당하기 힘들어서 왜곡해 버린 기억들이 마구마구 수면 위로 떠올랐다. 숨고 싶고 도망치고 싶었다.
　'내가 저 상처들을 봉인하느라 얼마나 애를 썼는데. 겨우겨우 눌러놓고 잘 살고 있었는데 이렇게 난장판이 돼버리다니 큰일이다. 이제 어떻게 살지, 인생 망했다.'는 생각마저 들었으니, 어지간히 아팠나 보다.

지난 삶을 통째로 뒤집어엎어 눈앞에 꺼내놓고, 감정의 뿌리를 찾고, 용기내서 직시하는 것부터가 치유의 시작이었다. 그때 상담 선생님의 도움이 없었다면 건강하게 회복하기가 어려웠을 것 같다. 전문가의 도움이 없었다면 괜히 상처만 들쑤신 꼴이 되어 더 힘들어지지 않았을까. 그래서 나는 상처 많은 엄마들에게 전문 심리 상담을 권하고 싶다.

비단 내면 아이의 문제만이 아니다. 너무나 바쁜 엄마들은 자기 마음을 돌보는 일이 늘 뒷전이 돼버린다. 아이와의 관계 외에도 다른 가족들과의 관계, 소원해진 친구들과의 관계, 동네 엄마들과의 관계 등 엄마들은 수많은 관계의 중심에 서 있다. 요즘은 SNS의 발달로 더욱 관계의 범위가 넓어졌고, 그만큼 마음이 다칠 일도 많은 것이다.

그 당시 나도 여러 가지 문제가 한꺼번에 겹친 상황이었고 그렇게까지 나 스스로를 방치한 건 처음이었다. 이후 버틸 수 없을 만큼 마음이 무거워졌을 때는, 이미 혼자서는 이겨내기 어려운 수준에 와 있었다.

처음에는 상담이란 분야가 생소하게 느껴져 쉽사리 마음이

가지 않았지만 상담가 친구가 내게 해준 말이 무척 설득력 있게 다가왔다.

"이렇게 취약해졌을 때가 상처를 치유할 적기야. 마음이 열렸을 때를 놓치지 말고 상담을 받아보면 좋을 거 같아. 갑자기 묻어 놨던 상처들을 보려니 많이 아플 거야. 상담 초기에는 감정적으로 더 힘들어질 수도 있어. 그런데 분명한 건, 그 과정이 지나면 훨씬 편안해질 거야. 네 삶도 많이 달라질 거야, 긍정적인 방향으로!"

사랑하는 친구의 진심 어린 조언이기에, 또 당시 요동치는 내 마음을 혼자서 감당하기 어려운 상태였기에 지푸라기라도 붙잡는 심정으로 상담 센터를 찾았었다. 결과적으로, 우울증 약의 도움도 크게 받았지만 상담이 아니었다면 본질적인 치유는 불가능했을 것이다. 앞서 말했듯 정신과 진료는 우울이나 불안의 생물학적 원인에, 상담은 심리적 원인에 집중한다. 상담을 통해 일상에서 내가 덜 힘들 수 있는 생활 양식, 나를 둘러싼 관계에서 나를 지킬 수 있는 대응 방식 등을 배우게 된다.

상담 선생님은 내가 횡설수설대든 징징대든 상관없이 내 애기에 귀를 기울여주고, 스스로 마음을 들여다보고 생각할 수 있게 좋은 질문들을 던져주었다. 상담의 가장 중요한 의미는, 상담

사 선생님의 도움을 받아 다시 한번 어린아이로 돌아가 세상과 안정 애착을 맺는 것이었다. 힘든 마음을 전염시키기 미안해서 남편에게도 하지 않던 얘기들, 누가 이런 힘 빠지는 얘기에 관심 있을까 싶어 친구들에게 말할 생각조차 않던 상처들. 어느 누구에게도 솔직히 말할 수 없던 마음들을 꺼내어 누군가에게 털어놓고 수용받는 경험은 굉장한 해방감을 줬다.

온전히 수용받는 경험을 통해 결국 내가 나를 수용하고 사랑하며 단단해지는 법을 배울 수 있었다. 제일 먼저 상담 선생님이 안전 기지가 되어주었고, 몇 달간 꾸준한 상담을 통해 안정감을 느낀 나의 안전 기지는 점차 남편과 친구들로 확대될 수 있었다. 심지어 누군가에게 기대어본 경험이 없어서 신에게조차 기대지 못했던 내게 자연스레 신앙이 생겼다. 궁극적으로는 나 자신이 나의 안전 기지가 될 수 있다. 비로소 안정적으로 두 발을 땅에 디딘 기분이다. 마음이 이렇게 가벼울 수가 있나.

또한 상담은 자가 치유의 과정이었다. 상담 선생님은 직접적으로 조언해 주기도 했지만 대부분은 내가 스스로 입을 열도록 유도해 주었다. 내 무의식에 있던 마음들을 스스로 말하면서 귀로 듣게 되더라.

좋은 상담 선생님은 내담자의 속마음을 이끌어낼 만한 좋은 질문을 통해 자가 치유의 과정으로 매끄럽게 인도한다. 덕분에 나의 내면에 관한 중요한 통찰을 많이 얻을 수 있었다. 이 과정에서 자기 성찰력이 성장하여 내가 가진 나쁜 습관들이나 부정적 패턴들을 들여다보고 올바른 방향성을 찾을 수 있게 되는 경험을 하였다. '삶이 달라질 거야.'라는 친구의 말이 과언이 아니었다.

심리 상담을 통해 배운 가장 중요한 핵심은, 바로 '내가 내 편이 되어주는 것'이다. 온전한 내 편이 되어주는 것. 나 자신을 이해해 주는 것. 나를 습관적으로 흉보지 않는 것. 내가 그 누군가에게 간절히 바라던 것을 나에게 해주는 것. 그런 존재가 되어주는 것 말이다.

죄책감이란 옷을 벗으면
책임감은 자원이 된다.

네 잘못이 아니야

책임 중독

 영화 〈굿 윌 헌팅(Good Will Hunting)〉에 잊을 수 없는 장면이 나온다. 상처가 많아 세상과 담을 쌓고 반항아로 살아가는 주인공 청년(맷 데이먼 분)은 정신과 의사(로빈 윌리엄스 분)에게 자신의 인생 이야기를 털어놓는다. 의사는 청년에게 이렇게 말한다. "It's not your fault.(네 잘못이 아니야.)" 청년은 "I know.(알아요.)"라고 대답하면서도 이를 진심으로 받아들이지 못한다. 의사가 청년을 바라보며 저 대사를 여러 번 반복한다. 청년은 듣기 싫다는 듯 화를 내며 피하다가, 끝내 봉인이 해제되듯 참았던 눈물을 터뜨린다. 의사를 껴안고 오열한다. 차곡차곡 쌓아 올려둔 방어벽이 무너지는 순간, 숨겨둔 감정들이 물밀듯이 터져나오는 순간, 돌보지 못하고 억압하고 방치했던 내 마음과 마주하는 순간 힘겹게 허락한 상처의 자각은 치유의 시작이 된다.

1997년에 개봉한 <굿 윌 헌팅>의 이 장면은 전 세계인의 가슴을 울렸고, 지금까지도 최고의 명장면으로 회자되곤 한다. "네 잘못이 아니야." 그만큼 많은 사람들에게 이 말이 필요했던 게 아닐까. 어른들의 마음속 어린아이가 그토록 듣고 싶어 한 말이었던 걸까.

나는 10대에 이 영화를 처음 접했다. 영화가 담고 있는 감정의 깊이를 제대로 이해하지 못했지만 이상하게 이 장면에서 심장이 요동쳤다. 그뒤로도 내내 잊히지 않아 20대에도 이 영화를 여러 번 돌려 보았다. 왜 끌리는지 알지 못했고 내 삶과도 연결시키지 못했다. 그저 굉장히 감동적이라 느꼈을 뿐이다.

엄마로서 다시 태어난 이후에야 그 의미를 찾아냈다. 최근 나는 육아라는 멋진 세계를 경험했고, 커뮤니티를 운영하며 다양한 상황을 겪어보았고, 우울증이라는 심오한 터널을 지났고, 심리 상담이라는 감사한 기회도 얻었다. 그러면서 알게 된 건, 내가 책임감이 지나칠 만큼 강하게 형성된 사람이란 사실이다. 민감한 사람들의 특징이기도 하고, 장녀의 특징이기도 하고, 여러 가지 기질적 환경적 요인들이 얽혀 있을 것이다.

어려서부터 가족들이나 지인들이 정서적으로 힘들어할 때면 강한 책임감을 느꼈다. 내가 나서서 해결해 줘야 할 것만 같은, 내가 그들의 회복을 책임져 줘야 할 것 같은…. 책임감은 쉽게 죄책감이란 옷을 입는다. 그래서 난 늘 죄책감에 시달렸다.

이러한 기저 감정은 끊임없이 무의식에 남아 우리의 모든 생각과 결정에 영향을 미친다. 기저 감정의 작용을 깨닫고 풀지 못하면 평생 일거수일투족을 이에 지배당한다. 반복해서 겪는 아픔들을 관통하는 기저의 감정, 내 경우에는 '죄책감'이었다.

상담을 통해 죄책감의 뿌리를 찾아내었다. 어릴 적, 무척이나 돕고 싶었던 사랑하는 사람을 끝까지 돕지 못한 기억이 있는데, 난 그에게 '내가' 상처를 남겼다는 죄책감에 오랫동안 시달려왔다. 이때에 생긴 죄책감은 마음속에 단단히 자리 잡아 계속 나를 힘들게 했다. 마치 스스로를 가스라이팅하는 듯, 주변에서 일어나는 모든 문제를 나의 탓으로 돌리곤 했다.

상담 선생님은 내게 몇 달간 꾸준히 "It's not your fault."라고 말해 주었다. 나는 이미 어린 나이에 할 수 있는 최선을, 아니 그 이상을 다했다는 걸 일깨워주었다. 사실 상대는 이미 힘든 상황에 처해 있었고 나는 그를 돕고자 하는 마음이 강렬했을 뿐, 내가 그를 힘들게 한 주체가 아니라는 걸 알게 되었다. 용기를 내어 그에게 이 얘기를 꺼냈을 때 놀라운 말을 들었다. 그의 마음속에 나는 아주 고마운 사람으로 남아 있다는 것, 자신이 힘들 때에 곁에 있어주고 버틸 수 있게 해준 소중한 존재라는 것. 나의 죄책감은 나 혼자 만들어낸 족쇄였다.

죄책감이라는 기저 감정을 깨닫지 못했을 때 나는 지나치게 타인의 어려움에 감정 이입하고 몰두하였으며, 과도한 책임감과 의무감에 무리해서 남을 돕다 지쳐 나가떨어지곤 했다. 너무나 사랑하는 아이를 키우는 육아에서는 말할 것도 없었다. 예민한 아이를 키우며 아이의 정서를 책임져야 한다는 강한 책임감을 느꼈다. 아이가 짜증을 내도 내 탓, 아이가 슬퍼해도 내 탓, 아이가 심심해하는 것조차 내 탓으로 느껴졌다.

기저 감정을 이해하고 나니 일상을 조절할 수 있게 되었다. 내가 할 수 있는 만큼만 하고 선을 긋는 법을 배웠다. 남에게 마음을 쓸 때면 우선 내 마음과 역량부터 점검한다. 이제는 "이건 본인 스스로 감당해야 할 감정이야.", "나는 내 역량 안에서 최선을 다했고 나머지는 본인의 몫이야." 하며 돌아설 줄도 안다.

뇌는 부정적인 감정일지라도 익숙한 감정을 편안하게 느낀다고 한다. 그래서 내 뇌는 자꾸 책임질 거리를 찾아헤맨다. 여러 아이들을 후원하는 것도, 유기견과 길고양이를 입양해 키우는 것도, 힘든 엄마들을 위한 커뮤니티를 운영하는 것도, 언젠가 보육원을 차리고 싶어 하는 것도 모두 같은 맥락일 것이다. 이처럼 기저 감정은 건강하게 활용할 수 있는 강렬한 동력이 되기도 한다. 중요한 차이는 이에 허둥지둥 이끌려 다니느냐, 내가 감정의 주인이 되느냐. 동력의 정체를 알고 내 역량 안에서 강도를 조절하며 좋은 일에 쓸 수 있다면 결국 또 상처는 자원이 될 수 있다.

죄책감이란 옷을 벗으면 책임감은 자원이 된다.

스스로의
친구가 되어주자

나에 대한 비판 멈추기

아이가 "엄마, 미워!"라고 외칠 때 어떤 마음이 드는가? '쪼꼬만 게 귀엽게시리!' 하는 생각이 든다면 오케이. '저 녀석이 어딜 건방지게!' 정도도 오케이. 하지만 저 말이 단순한 투정 이상으로 나를 힘들게 한다면 내 안의 무언가가 건드려진 것이다. 건드려질 무언가가 있다는 뜻이다. 가만 생각해 보자.

누군가에게 미움받은 경험, 그로 인해 많이 슬프고 아팠던 적이 있는가? 좀 더 생각해 보자. 혹시 그 누군가가 나 자신은 아니던가? 타인으로부터 시작했어도 그것이 깊은 상처로 남았다면 결국 나를 미워하고 비판하고 몰아세우는 사람은 나 자신일지도 모른다.

　가끔은 눈물이 날 정도로 저 말이 아팠다. '제발 엄마 밉다고 하지 말아줘, 엄마는 그 말 듣기 싫어, 엄마 미워하지 마, 엄마가 이렇게 열심히 하는데….'

　좋아하는 친구가 있다. 그 친구는 주변 사람들과 이야기 나누는 것을 좋아하고 조언을 구하는 것도 마다하지 않았다. 주변 사람들의 말을 하나하나 귀담아듣는 모습이 참 사랑스러워 보였다. 감수성이 풍부하고 속 깊은 그녀의 모습을 예쁘게 바라보다 문득 이런 생각이 들었다.

　'어라, 내가 좋아하는 저 친구의 특성들이 내게도 있는데, 왜 다르게 평가하게 되지? 친구들에게 조언을 구하고 귀담아듣는 건 똑같은데, 왜 그녀는 사랑스럽고 현명하다 여기고 나는 주관이 없다며 자책하게 되지?'

　이상했다. 나는 나를 어떻게 대하지? 놀랍게도 나는 나의 친구가 되어주지 못했다. 외려 천대했다. 서슴없이 비난하며 쉽게 질책했다. 입 밖으로 내뱉을 필요도 없이 내 안에서 뭉게뭉게 떠오르는 비난의 말들은 맘 놓고 신랄해져 갔다. 누구든 욕을 들으면 우울하기 마련인데, 내가 스스로를 괴롭히고 있었다니!

　만약 사랑하는 친구가 아이에게 버럭 화를 냈다며 괴로워하면 아마 이렇게 위로할 것이다. "네가 얼마나 지쳤으면 그랬겠니? 내가 아는 너는 한없이 다정하고 친절한 사람인데. 네 힘으로 어쩔 수 없었던 거니 자책하지 마. 평소에 충분히 잘하잖아! 그 정도로 깨질 애착이 아니야."

친구가 망가진 외모에 속상해한다면 이렇게 말해 주겠지. "아이 키우느라 널 돌볼 틈이 없었잖아. 그리고 너 지금도 되게 예뻐! 진짜 몰라? 잔뜩 꾸미고 다니던 대학생 시절보다 지금의 성숙한 모습이 더 예쁜 거 같아!"

친구가 다른 학부모들과 트러블이 생겼다면 이렇게 말해 줄 것이다. "뭐야, 그 사람들이 너 질투하는 거 아니야? 넌 진실되고 합리적인 사람이잖아. 네가 그럴 만하니까 그랬겠지. 신경 쓰지 마. 네 잘못 아니야."

한 글자도 빠짐없이 모두 진심에서 우러나온 말이다. 힘들어하는 친구가 안쓰럽고 친구의 짐을 나누고 싶은 마음뿐이리라. 제일 전하고 싶은 메시지는 단연 '네 잘못이 아니야.'이겠지.

그러나 나 자신에게는 어떤가? 내가 아이에게 화낸 건 내 성질머리가 더러운 탓이고, 내가 살찐 건 내가 게으른 탓이고, 내가 누군가와 갈등을 겪는다면 내가 미성숙한 탓이다. 뭐야, 그 어떤 악질 상사도 천하의 원수도 이 정도로 노골적으로 상대를 비난하지는 않겠는 걸. 왜일까, 남에게는 관대하나 나에게는 엄격한 이유가 뭘까?

누구나 마음속에 '내면의 비판자'가 산다. 내면의 비판자는 내 안에 상주하며 끊임없이 태클을 거는 존재다. 개개인의 기질과 경험에 따라 이 비판자의 강도가 다르게 형성된다. 내 안의 비판자는 아주 강렬했다. 끊임없는 자기 검열, 지독한 불안, 혹독한 완벽주의. 모두 그의 역할이었다.

아이를 키우는 동안 내면의 비판자는 걱정이 많았다. 더 완벽하라며, 더 열심히 하라며, 더 인내하라며 나를 몰아세웠다. "너, 아이를 울렸어? 그러고도 네가 좋은 엄마야?", "애한테 소리 질렀어? 미친 거 아니야? 애가 잘못 크면 다 너 때문이야!"

내면의 비판자가 날뛰는 이유는 아이러니하게도 나를 아껴서이다. 실수하지 말라며, 발전하라며, 더 잘하라며 채찍질하는 것. 사실 내면의 비판자 덕에 뒤처지지 않으려고 열심히 살았고 좋은 엄마가 되겠다는 책임감으로 끊임없이 나를 돌아보고 성찰하며 아이를 더욱 잘 키울 수 있었다. 이렇듯 내 안의 비판자는 나름대로 나를 위하고 있다. 마냥 미움을 받기에는 얘도 좀 억울하다.

"고마워, 네 덕에 내가 이만큼 자랄 수 있었어. 그동안 나를 지켜주려 애쓴 거 알아. 하지만 이제 걱정하지 마. 좀 쉬어도 돼. 네가 필요할 때 다시 부를 테니, 그때 다시 나를 도와줄래?"

스스로의 비판자가 아닌 친구가 되는 연습을 하고 있다. 방법은 의외로 단순하다. 어린 시절에 어른들에게 듣고 싶었던 말, 학창 시절에 친구들에게 듣고 싶었던 말, 지금 남편에게 듣고 싶은 말, 바로 그 말들을 내가 나에게 해주면 된다.

넘어진 나에게 '아휴, 이 바보야.'라며 질책하기보다 '괜찮아? 아프진 않니?'라고 친절하게 말해 주고, 상처받은 나에게 '네가 뭔가 잘못했겠지.'라며 비난하기보다 '괜찮아, 최선을 다했잖아.'라고 다정하게 위로하면 된다.

나에게 다정한 어투를 쓰는 것부터 시작하자. 오래된 습관을 하루아침에 바꾸기는 어렵지만 조금씩 나아가면 된다. 나를 좀 더 사랑하는 나로, 나의 친구인 나로, 나에게 상처 주지 않는 나로. 내가 나의 편이 되어준다는 것은 실로 엄청난 위안이며 안정감을 줄 것이다.

자신과 친구가 되는 연습을 하자

1. 사랑하는 아이에게 말하듯 자신에게도 다정하게 대하자
"많이 슬펐구나. 억울했구나. 힘들었구나. 울어도 괜찮아. 마음이 풀릴 때까지 실컷 울어." 유치하고 원초적인 감정들을 인정해 주자. 틀린 감정이란 것은 없다. 어린 시절에 받고 싶었던 사랑을 지금 내게 쏟아부어보자.

2. 사랑하는 친구에게 말하듯 자신에게도 다정하게 대하자
"네가 잘못한 게 아니야. 네가 최선을 다한 것 내가 다 알아. 괜찮아, 괜찮아." 나의 노력을 인정해 주고, 실수를 감싸주고, 나의 편을 들어주자. 진정한 내 편이 되어주자.

3. 사랑하는 반려동물에게 말하듯 자신에게도 다정하게 대하자
"어쩜 이리 사랑스러울까? 너는 정말 사랑스러운 존재야. 나는 너를 참 좋아해." 처음엔 어려워도 자꾸 스스로에게 다정히 말하는 연습을 하자. 언어가 마음을 바꾸고 태도를 바꿀 수 있다.

느끼기
그리고 흘려보내기

앞으로 또 감정이 쌓이지 않게 관리하자

나는 아이를 키우는 일이 좋았다. 아이에게 집중할 수 있는 상황에 감사했고, 물론 힘들 때도 많았지만 대체로 엄마라는 자리가 행복하고 감사했다. 육아가 천직처럼 느껴졌다. 민감한 엄마들이 워낙 그렇다. 누군가를 돕고 사랑을 나누는 것이 참 행복한 사람들. 그런 사람이 엄마가 되었으니, 작고 연약한 아기를 키우며 얼마나 큰 보람과 감동을 느끼겠는가. 아이는 내 인생에서 가장 큰 축복이었다. 그래야만 했다.

쉽지 않은 기질의 아이를 키우며 에너지가 소진될 만도 한데, 늘 "육아 체질이다!"라고 외치는 나를 보며 다들 신기해했다. 돌이켜보면 일종의 자기 세뇌였다. 너무 힘들다고 일기를 쓰고도 마지막은 '하지만 행복해.'로 끝내야만 마음이 편했다.

우리나라 사람들은 '나'보다 '우리'를 중시하며 개개인의 욕구와 감정을 누르는 것을 미덕으로 여기곤 한다. 그래서인지 한국인의 우울증에는 자신의 기분을 잘 인식하지 못하는 특징이 있다고 한다. 미워도 미움을 느낄 용기가 없어서, 절망해도 절망감을 느낄 힘이 없어서, 느껴질 새도 없이 깜짝 놀라 황급히 덮어버리는 이들이 많을 것이다. 나도 부정적인 감정을 억압할 줄 아는 것이 성숙한 자세라 생각했고, 그렇게 사는 것이 잘 사는 것이라 착각했었다.

정신과 의사 정우열의 『엄마니까 느끼는 감정』에서는 때로 육아에서 '일'과 '사랑'을 구분해야만 마음이 흔들리지 않고 둘 다 잘할 수 있다고 설명한다. 너무 힘들 때는 잠시 아이를 사랑하지 않아도 괜찮다고, '사랑'을 멈추더라도 아이를 돌보는 '일'은 계속할 수 있으며, 오히려 잠시 사랑하지 않아야 더 빨리 사랑의 마음을 회복할 수 있다고.

감정을 있는 그대로 수용하는 게 그만큼 중요하단 뜻이다. 내 아이를 잠시 사랑하지 않는, 까만 마음까지도. 소화되지 않은 감정은 마음속에 그대로 남아 있다가 같은 감정이 자극될 때 이전

것들까지 뭉쳐서 커다란 눈덩어리가 되어 튀어나온다. 그러니 조금만 자극받아도 버럭 화를 내게 되는 것이다. 때로는 아이가 잘못한 상황이 아닌데도 쌓여 있던 폭탄의 불똥이 아이에게 튀기도 한다. 다채로운 육아 감정을 어느 하나 외면하면 안 되는 이유다. 쌓이지 않도록 매일 소화하고 해소해야 한다. 나를 위해서, 또 아이를 위해서.

감정을 직시하고 입 밖으로 꺼내는 데에는 많은 연습이 필요하다. 그 3단계는 다음과 같다.

1. 파악하기

먼저 진짜 감정을 파악한다. 심리학적으로 화는 2차 감정으로 분류되며 화에는 그에 앞서는 1차 감정이 있다. 해소하지 못한 불안한 감정이, 억울하거나 서운하거나 속상한 부정적 감정들이 응축돼 있다가 화로 표출되는 것이다. 나의 진짜 감정이 무엇인지 파악하는 것이 우선이다.

2. 느끼기

그다음은 그 감정에 집중해 준다. 감정은 '관종'이다. 해소되지 않은 감정은 마음속에 계속 남아서 자신을 알아달라고 아

우성친다. 아이를 달래듯 감정이 하는 말을 충분히 들어준다. 급히 덮어버리지 말고 충분히 느끼는 게 중요하다. 아이의 감정에 공감해 주듯 '그랬구나, 힘들었구나.'라며 마음이 하는 말에 귀 기울여준다.

3. 흘려보내기

마지막으로 감정을 표현하며 흘려보낸다. 각 잡고 일기를 쓰든, 대충 종이를 찢어 휘갈기든 그냥 감정선을 따라가며 마구 적어보자. 혼잣말로 내뱉는 것도 효과가 좋다. 마치 누가 들어주고 있는 양 중얼중얼거리며 흘려보내는 것도 기대 이상으로 마음이 편해진다. '감정을 몸 밖으로 꺼낸다.'는 표현이 있다.* 정제되지 않은 날것의 감정을 그대로 느끼고, 자연스레 흘려보내자.

'아이의 감정에는 집중해 주면서 왜 나에게는 그러지 못했을까? 내 마음이 참 외로웠겠다.', '혼자 견디느라 버겁고 속상하고 억울했겠다.' 일상에서 감정을 느끼고 흘려보내는 연습을 하다 보면 점

---

*『나를 잃어가면서 지켜야 할 관계는 없다』(이지영 지음, 스몰빅라이프)

점 스스로에게 솔직해지는 걸 느낀다. 나와 내가 편안한 사이가 되는 신기한 경험. 나답고, 자유로워지는.

가면을 벗는 연습을 하고 있다. 싫어도 좋은 척, 슬퍼도 기쁜 척, 나 자신조차 속이며 살던 날들이 독이 되었음을 이제 아니까. 태풍이 온다면 언제라도 마음은 다시 흔들릴 것이다. 하지만 이제는 파도를 다독일 줄 안다. '마음아, 네가 흔들리는구나, 힘들구나.'라며 잠잠히 위로할 수 있을 것이다. 이제 나는 내 편이니까.

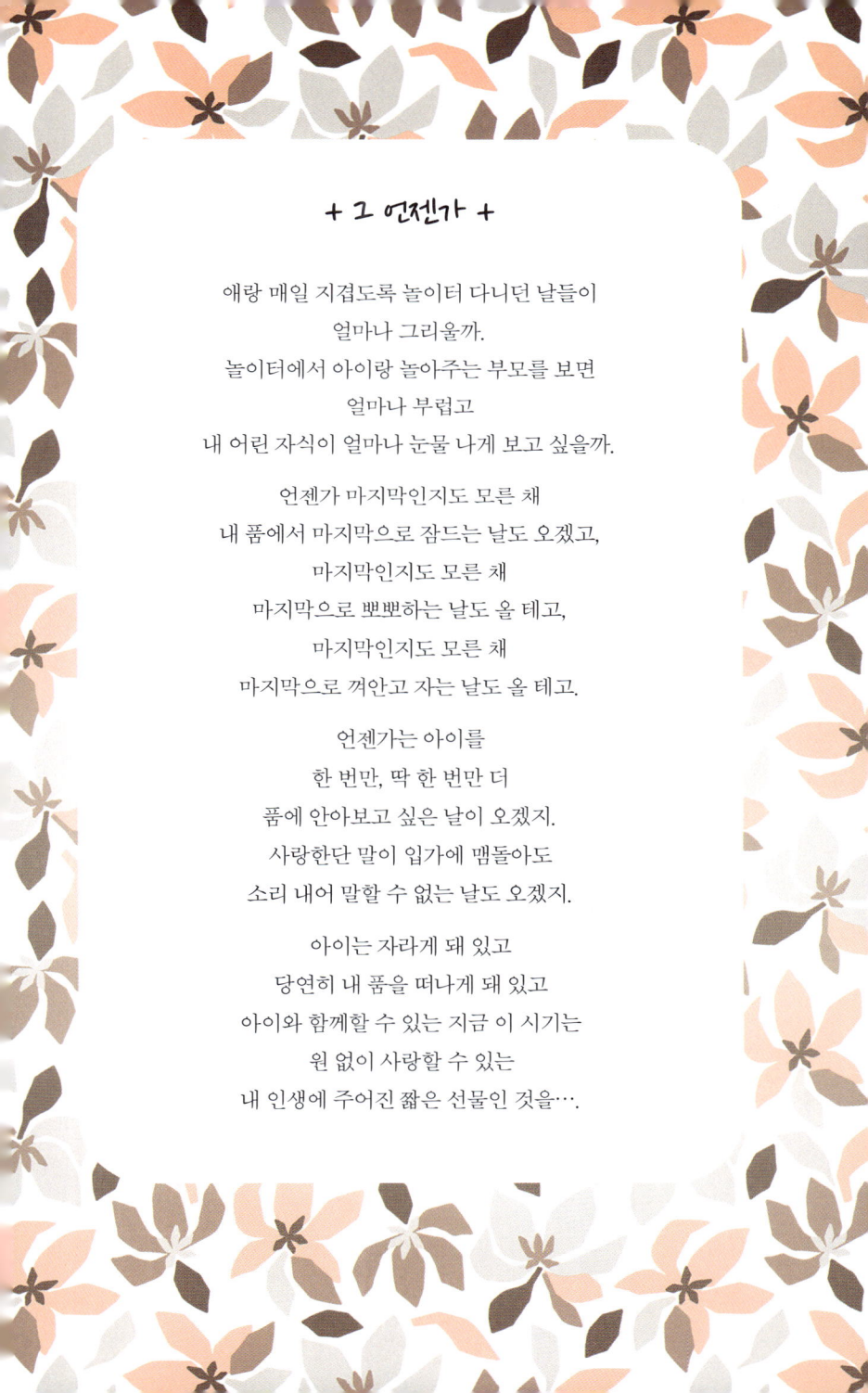

✢ 그 언젠가 ✢

애랑 매일 지겹도록 놀이터 다니던 날들이
얼마나 그리울까.
놀이터에서 아이랑 놀아주는 부모를 보면
얼마나 부럽고
내 어린 자식이 얼마나 눈물 나게 보고 싶을까.

언젠가 마지막인지도 모른 채
내 품에서 마지막으로 잠드는 날도 오겠고,
마지막인지도 모른 채
마지막으로 뽀뽀하는 날도 올 테고,
마지막인지도 모른 채
마지막으로 껴안고 자는 날도 올 테고.

언젠가는 아이를
한 번만, 딱 한 번만 더
품에 안아보고 싶은 날이 오겠지.
사랑한단 말이 입가에 맴돌아도
소리 내어 말할 수 없는 날도 오겠지.

아이는 자라게 돼 있고
당연히 내 품을 떠나게 돼 있고
아이와 함께할 수 있는 지금 이 시기는
원 없이 사랑할 수 있는
내 인생에 주어진 짧은 선물인 것을….

내 로망과 다른 너 • 140

너를 있는 그대로 사랑해 • 146

기억은 정서와 함께 저장된다 • 150

tip 아이의 강점을 보자 • 154

tip 기질을 비난하지 말고 행동을 조절해 주자 • 155

너를 위한 단 한 사람 • 156

불안한 아이에겐 극애착 육아 • 162

분리 불안이 아닌 그대로의 사랑 • 167

있는 그대로의 나를 사랑해 • 172

tip 남편과 내면 아이에 대한 이야기를 시작하는 방법 • 175

아이가 주는 기회를 놓치지 말자 • 176

이만하면 꽤 좋은 엄마 • 180

5장

있는 그대로
받아들이면 자유롭다

방향을 바꾸면……

다른 점이 보인다.

내 로망과
다른 너

아이는 나에게 승인받기 위해 태어난 존재가 아니다

하원 셔틀버스에서 내리자마자 안아달라는 너를 슬쩍 밀어내 곤 했다. 강하게 키우겠다는 불안한 강박. 이 정도도 못 걷느냐 는 생각이었다. 그런데 사실 아이는 못 걸어서 안아달라는 게 아 니다. 다만 긴 하루 끝에 다시 만난 엄마가 너무 반가웠던 어린 아이의 응석이었을 뿐.

유치원에 적응하기 무척 힘들어했던 아이인데, 이제 큰 거부 감 없이 잘 다니다 보니 까먹어버렸다. 아이가 얼마나 기특한 일 상을 보내고 있는지, 유치원에서 에너지 소모가 얼마나 많을지, 그런데도 얼마나 잘 버텨내고 있는지. 매일 아침 가기 싫은 마음을 이기고 그저 사랑하는 엄마의 말을 믿고 따라주는 어린 너의 대견함을 어느새 당연하게 생각하고 있었던 나. 엄마와 있고 싶다며 칭얼거리는 마음을 좀 더 따스하게 받아줬다면 좋으련만. 시무룩한 얼굴, 긴장된 표정으로 유치원에 들어가는 아이의 뒷모습을 훗날 떠올리면 어떤 마음이려나. 하원 후 투정에 담긴 의미를 잊지 말아야지.

돌이켜보니 내 육아 로망은 '독립적인 아이'로 키우기였다. 나는 별명이 애어른이었을 만큼 자율적이고 독립적인 아이였다. 바쁜 엄마를 대신해 동생을 챙기고, 학교에서도 모범생이었으며, 떼 한번 부린 적 없을 정도로 의젓하게 자랐다. 이로 인해 칭찬을 많이 받다 보니 '독립적인 아이'라는 게 곧 나의 자랑스러운 정체성이 되었다. 그런데 내 아이는 달랐다. 뭐든 "엄마가, 엄마가" 하며 의존적인 모습을 보였다. 독립심은 나의 가장 큰 무기였기에 이를 갖추지 않은 아이를 보면 마음이 불편해지며 부정적 회로가 돌아갔다.

아이의 타고난 기질을 수용한다고 주장하며 아이의 불안과 의존 욕구를 케어해 주면서도 나도 모르게 나만의 목표를 심었나 보다. '넌 이 불안을 극복할 거야.', '네가 지금은 의존적이지만 내가 잘 키워서 널 독립적으로 만들어줄게.', '할 수 있어, 파이팅!' 은연중에 이런 마음이 있었던 거 같다. 너의 욕구를 누구보다 잘 받아주면서도 '의존 욕구를 받아줘야 독립적으로 큰대.', '불안을 받아줘야 불안이 적어진대.'라는 등의 목표가 있었던 것.

  결국은 내가 원하는 모습으로 자라길 바라는 게, 이게 진정한 수용일까? 진정 아이를 있는 그대로 사랑한다고 말할 수 있을까? 지금의 아이보다 내 상상 속 미래의 아이를 보고 있던 건 아닐까?

  물론 아이가 타고난 약점들을 최대한 털어내고 편하게 살길 바라는 그 마음도 절절한 사랑에서 기인한 것이지만, 아이가 느끼기엔 어떨까? 어떠니 아들? 지금은 어리니까 괜찮지만 나중에는 꼭 독립적이고 자율적으로 성장해야 한다는 나의 이 강박도 너에겐 폭력이 아닐까? 어쩌면 앞으로도 쭉 의지하고 의논할 상대를 찾으며, 언제나 특별한 누군가와 인생을 함께 걷는 것이 아이의 성향이자 행복일 수도 있는 일이다.

  내 남편을 보며 생각해 본다. 남편은 어릴 땐 어머니께, 결혼해서는 나에게 의지를 많이 했고, 회사에서도 꼭 절친이 필요한 사람이다. 그래서 그게 잘못된 걸까? 쿵짝 맞는 사람만 있으면 누구보다 의욕적으로 잘하는데, 또 세상 누구보다 다정한데, 그것도 신이 만든 하나의 멋진 성향이 아닐까? 같은 성향의 사람을 만나 둘이 행복하게 살면 되는 건데. 좀 불편한 점도 있지만, 그래서 뭐? 육아의 목표가 '완벽한 사람'은 아니지 않은가.

아이는 내게 승인받기 위해 태어난 존재가 아니다. 내가 살아온 방식이 정답이 아니다. 객관적으로 봐도 그렇다, 뭐 얼마나 대단한 삶을 살았다고. 너를 요리조리 빚을 수 있다고 믿는 거, 아니 빚어도 된다고 믿는 거, 아주 큰일 날 오만이다.

사람은 누구나 불완전하다. 자신의 모습을 있는 그대로 받아들이고 불완전한 채로 행복할 수 있는 게 진짜다. 약점에 매여 자신의 강점을 보지 못하고, 활용하지 못하는 삶은 얼마나 안타까운가. 그 시선을 누가 심어주고 있는지 숙고해 볼 일이다.

어떤 삶의 방식이 정답일까? 그건 사람마다 다르다. 내가 가진 것이 아이에겐 없을 수도 있다. 대신 아이는 자기만의 것을 갖고 태어났다. 나의 편협한 시선으로 기어이 아이의 약점을 끄집어낼 필요 없다. 아이는 나와 다른 색깔로 태어났으며 내가 그 색깔을 존중할 때 행복의 씨앗이 된다. 이를 인식하고 나니 아이와 보내는 시간이 훨씬 편해졌다. 사소한 일에도 불안이 증폭되어 가슴이 답답해지던 증상이 사라졌다. 나도 모르게 마음을 다스리는 데 쓰였던 에너지가 낭비되지 않으니, 남는 에너지를 고스란히 아이와 웃고 노는 데 쓸 수 있었다.

이제는 어떠한 이상향 없이 있는 그대로 너의 욕구를 받아주고 싶다. 무게 중심을 옮기자. 기질을 극복하는 게 아니라 먼저 기질대로 살 수 있게 해주고 싶다.

그저 너로서
편안할 수 있게…
가면을 쓰지 않아도 되게…
엄마가 도와줄게.

너를 있는 그대로
사랑해

아이의 기질에 날개를 달아주려면…

　독일 최고의 관계 심리 전문가인 롤프 젤린은 『예민한 아이의 특별한 잠재력』에서 예민한 기질이 일종의 재능이라 말한다.
　예민한 사람은 타고난 공감 능력으로 다른 사람의 마음과 입장을 쉬이 파악할 수 있기에 일부러 훈련하지 않아도 소통 능력이나 역지사지 능력을 이미 갖추고 있다. 상대의 마음을 잘 알아주고 섬세하게 접근하기 때문에 협업하기 좋은 사람이 될 수 있고, 또한 작은 차이도 민감하기에 남들이 보지 못하는 것까지 섬세하게 보고 느끼고 발견할 수 있다.
　예컨대 한 갤러리스트는 젊은 예술가들의 잠재된 창의력을 간파할 수 있는 능력이 있었으며, 까다로운 예술가들에게 섬세히 접근하고 협업할 수 있어서 성공을 거뒀다고 한다.

예민한 사업가는 무언가 잘못되고 있을 때 이를 예리하게 캐치하여 수정할 수 있으며, 예민한 수사관은 민감한 감각과 인지 능력 덕분에 세부 사항까지 놓치지 않고 사건을 해결할 수 있다.

그런데 왜 어떤 사람에게는 예민함이 재능이 되고 어떤 사람에게는 예민함이 독이 되는 걸까? 롤프 젤린은 예민한 사람이 두 부류로 나뉜다고 말한다.

한 부류는 자신의 예민함을 있는 그대로 받아들이고 이 기질을 활용하여 더 풍요롭고 행복하게 사는 경우, 다른 한 부류는 자신을 부정하고 남에게만 맞추려 하며 자존감 낮은 삶을 사는 경우. 여기에는 부모의 눈빛이 큰 영향을 미친다.

부모가 예민한 기질을 나쁘게 보아 비난하고 부모 입맛대로 바꾸려 한다면 아이는 자신의 감각을 잃고 남의 평가에 의존하게 된다. 반면 아이의 예민함을 긍정적인 눈으로 보아 이를 보존시키며 활용할 있도록 돕는다면 아이는 자신을 믿고 표현할 줄 아는 사람이 된다. 비로소 예민함을 재능으로 발현할 수 있는 것이다.

결국 핵심은 아이를 있는 그대로 사랑하는 것이다. 예컨대 내향적인 아이를 외향적으로 바꾸려 해서도 안 되고, 반대로 외향적인 아이를 얌전하게 만든다며 기를 꺾어서도 안 된다. 아이가 가진 고유한 색 그대로 빛나게 해주어야 한다.

사실 생각해 보면 당연한 것 아닌가? 신이 인간을 다 똑같이 만들었을 리가 없다. 집중력이 뛰어난 사람이 있기에 어떠한 분야에 대한 깊은 연구가 이루어지고, 산만한 사람이 다양한 관심사를 넓게 섭렵하는 덕에 각 분야가 연결되고 통합될 수 있다.

대담한 사람이 있기에 세상이 적극적이고 활기차게 돌아가고, 신중한 사람이 있기에 위험에 대비하고 과열을 막을 수 있다. 유한 사람들 덕에 인간이 화합하고 조화롭게 살지만, 까칠한 사람들 덕에 세상의 부조리가 날카롭게 파헤쳐진다. 결국 상반되는 성격들 모두가 세상에 필요하고 보탬이 된다.

워싱턴 대학의 마샤 리네한은 부모가 아이의 기질을 있는 그대로 수용하는 것이 얼마나 중요한지 강조한다. 아이를 부모 입맛대로 바꾸려고 하면 아이는 자신의 고유한 기질적 정서 반응을 자연스럽게 받아들이는 법을 배우지 못한다. 마음속에서 힘겨운 분투가 시작되는 것이다.

감정을 회피하거나 억누르게 되므로 죄책감이 생기고 자율성이 발달하지 못해 주체적인 삶을 살 수 없다. 사회적 부적응과 우울증 및 정신병리까지 유발할 수 있다. 거기까지 안 가더라도, 가장 편안해야 할 부모 앞에서조차 가면을 쓰고 살아야 하는 아이의 상처가 얼마나 클지, 자존감이 얼마나 상할지는 쉽게 상상할 수 있다.

아이의 불안함을 수용해 주면 그 불안은 준비성이라는 강점으로 발달할 수 있다. 아이의 예민함을 인정해 줄 때 그 예민함은 섬세함이란 강점으로 자랄 수 있다. 아이의 넘치는 에너지를 받아줄 때 비로소 창의성이란 날개를 단다. 아이 마음속에 부모라는 안전 기지가 자리 잡으면 그제야 아이는 마음 편히 자기만의 색깔로 아름답게 빛난다.

많은 부모들이 아이의 '행복'을 육아의 목표로 말한다. 그 첫걸음은 부모가 아이를 있는 그대로 수용하고 사랑하는 것이다. 아이를 내 입맛대로 바꾸려 하지 않는 것. 그러면 아이도 자신을 있는 그대로 사랑하게 된다. 이것이 부모의 가장 중요한 역할이 아닐까. 소모적인 내적 갈등 없이 자신이 가진 잠재력을 맘껏 펼칠 수 있다니, 감격스럽지 않은가.

오늘도 나는 아이의 머리를 쓰다듬으며 속삭인다.

"태어나 줘서 고마워. 너를 있는 그대로 사랑해."

기억은 정서와 함께
저장된다

행복한 일상이 기질을 안정시킨다

예민하고 까다로운 기질의 아이들은 부모와 충돌하기 쉽다. 만약 육아가 총체적 난국이라 느껴진다면, 어디서부터 손대야 할지 모르겠다면 '긍정적 정서 함양'에 먼저 집중하는 것이 좋다. 단순하게 생각하자. 아이에게 기분 좋은 기억을 만들어주자.

긍정 심리학에서는 행복한 육아를 위해 주목할 점은 아이의 부정적 정서를 완전히 제거하는 것이 아니라 그와 별개로 긍정적 정서 계발에 집중하는 것이라고 말한다.

함께 웃을 일을 많이 만들고, 약점에만 집중하지 말고 강점을 키워주고, 사랑의 눈으로 자존감을 키워주고, 안정되고 따뜻한 사랑을 쏟아주는 것이다. '기분의 질'은 어느 정도 타고나는 기질 요소이므로 하루아침에 바뀌지는 않는다. 하지만 좋은 경험이 쌓일수록 기본 정서가 점점 더 좋아지는 것은 틀림없다. 부정적 정서가 가득했던 많은 아이들이 좋아지는 것을 보았다.

기분 좋은 기억이 많은 아이는 전반적인 정서가 긍정적으로 형성된다. 어릴 때에 아이에게 긍정 정서를 키워주면 이것이 나선형 상승을 일으켜 인생의 자양분이 된다고 한다.*

긍정적인 정서는 너무나 많은 이점을 갖고 있다. 정서가 긍정적일 때 학습력과 문제 해결력이 뚜렷하게 상승하고 집중력 및 창의성, 진취성도 향상된다. 타인을 보는 눈이 더 관대해져 사회성도 좋아진다. 그래서 긍정적인 사람에게 언제나 더 많은 기회가 찾아온다.

유년기에 행복한 기억을 많이 갖게 해주자. 모든 기억은 정서와 함께 저장된다. 감정을 관장하는 편도체는 기억을 형성하는 해마에 밀접하게 붙어 있다. 예컨대 바다에 놀러 가서 즐거운 경험을 한 아이는 바다에 대한 기억이 긍정적으로 저장된다. 반면 불편하고 힘든 경험만 한 아이는 기억이 부정적으로 저장된다.

---

*『긍정 심리학』(마틴 셀리그만 지음, 물푸레)

두 아이 모두 바다를 시청 촉각 센서를 동원해 기억 속에 저장하지만 그 기억의 색깔은 각기 다르다. 편도체가 기억에 정서라는 색깔을 입히기 때문이다.

훈육도 너무 엄격하게 하기보다는 유쾌한 훈육법을 쓰는 것이 좋다. 아이의 문제 행동이 싹 소거되고 말 잘 듣는 아이가 되더라도 시종일관 아이 기분이 우울하다면, 그게 좋은 양육법일까? 제 나이에 맞는 말썽을 부리더라도 행복하게 깔깔대며 발달하는 아이를 좀 더 기다려주고 유하게 이끌어주는 게 나쁜 양육법일까? 윽박지르고 혼내서 무언가를 시키는 것이 당장은 편해 보일 수 있지만 그건 정답이 아니다.

'다른 애들 다 하는데 넌 왜 못 해!'라는 조급한 마음으로 기본적인 기분의 질이 좋은 다른 아이들과 똑같이 푸시하다 보면 아이와의 관계가 틀어지는 게 느껴진다.

엄하게 밀어붙이다 보면 될 일도 안 되고, 오히려 시간 여유를 두고 유쾌하게 이끌어줬을 때 결국 멋지게 따라잡는 모습도 많이 보았다. 훈육 때문에 아이와의 관계가 악화되고 아이가 부정적 기분에서 회복이 안 돼서 '이렇게까지 해야 하나?'란 고민이 들 정도라면, 우리 아이에게 맞는 훈육법인지 내 아이가 준비가 되었는지 다시금 생각해 봐야 할 것이다.

우리가 아이들에게 가르쳐야 할 가장 중요한 것 중 하나가, 자신의 기분을 좋게 유지하는 법일 것이다. 그게 스스로 가능하려면 먼저 부모의 도움을 받아 많이 경험해 봐야 한다.

다른 아이들보다 쉼이 많이 필요한 아이라면 쉬어 갈 수 있게 해주고, 다른 아이들보다 욕구가 큰 아이라면 욕구 불만에 빠지지 않게 해주고, 다른 아이들보다 애정이 많이 필요한 아이라면 좀 더 안아주자. 아이가 '사는 게 행복하다!'는 기분을 느낄 수 있도록, 나아가 내가 언제 행복한지를 깨닫고 스스로 행복을 찾아갈 수 있게 말이다.

어린 자식의 인생을 같이 걸어주는 것이 우리의 중요한 역할일 것이다.

아이의 강점을 보자

모든 기질에는 강점이 있다. 대표적 기질 검사인 TCI에서는 4가지 기질 요소를 설명하는데, 각각의 특징을 보면 다음과 같다.

위험 회피 성향

높은 경우	신중한 기질이다. 불안도가 높지만 그만큼 조심성이 많다. 충분히 수용하고 지지해 주면 위험에 미리 대비하는 준비성 철저한 사람으로 자랄 수 있다. (얘는 왜 이렇게 소심할까? ⇨ 조심스럽게 접근하고 준비하는 성향이구나.)
낮은 경우	대담한 기질이다. 긍정적이고 자신감이 있다. 두려움 없이 에너지를 쏟을 수 있는 활력 넘치는 성향이다. (얘는 왜 이렇게 무모하지? ⇨ 자신감이 있고 담대한 성향이구나.)

자극 추구 성향

높은 경우	열정적이고 창의적인 기질이다. 새로운 자극에 이끌리고 욕구가 강한 성향이다. 방향성이 잘 잡히면 타고난 의욕과 추진력이 발전적으로 발현될 수 있다. (얘는 왜 이렇게 산만하고 요란하지? ⇨ 열정 에너지가 넘치는 성향이구나.)
낮은 경우	차분한 기질이다. 특별한 변화 없는 일상의 행복에도 만족할 줄 안다. 검소하고 절제력 있으며 감정 기복이 크지 않다. 여유 있고 우직하다. (얘는 왜 이렇게 의욕이 없지? ⇨ 소소한 일상에도 행복해할 줄 아는 성향이구나.)

사회적 민감성

높은 경우	다정한 기질이다. 공감력과 감수성이 풍부하다. 타인의 감정에 민감해서 따뜻한 사회적 관계를 잘 형성한다. (얘는 왜 이렇게 줏대가 없지? ⇨ 남의 기분을 잘 살피는 성향이구나.)
낮은 경우	독립적인 기질이다. 타인에게 영향을 받기보다는 자기 주관을 따르는 성향이다. 감정이 쉽게 동요하지 않기 때문에 객관성을 유지할 수 있다. (얘는 왜 이렇게 배려심이 없지? ⇨ 주관이 뚜렷한 성향이구나.)

인내력 성향

높은 경우	뚝심 있는 기질이다. 주어진 일에 성실히 임하고 끈기도 있다. 성취욕과 완벽주의가 있어서 최선을 다하므로 가진 것 이상의 좋은 성과를 내기도 한다. (얘는 왜 이렇게 고집이 세지? ⇨ 목표를 이루려 최선을 다하는 성향이구나.)
낮은 경우	융통성 있는 기질이다. 성취를 위해 애쓰기보다 적당히 현실과 타협할 줄 안다. 하다가 안 되면 다른 방법을 찾아보기 때문에 실용적이다. (얘는 왜 이렇게 끈기가 없지? ⇨ 융통성 있게 대안을 찾을 줄 아는 성향이구나.)

기질을 비난하지 말고 행동을 조절해 주자

타고난 기질을 비난한다는 것은 그 사람 자체를 부정하는 일이다. 그렇게 자란 아이는 자기 자신을 있는 그대로 받아들이고 나답게 살아가지 못한다. 비난하기보다 기질에 따른 잘못된 행동을 조절하는 법을 가르쳐주자.

■ 실패를 못 견디는 아이에게

많이 속상하구나? 하지만 속상하니까 더 노력하게 되고 그러면서 더 발전하는 거야. 그러니까 그건 멋진 마음이란다. 늘 잘하기만 하면 좋을 거 같지만 사실은 실패하는 경험도 중요해. 점점 더 멋진 일에 도전하고 싶어질텐데 실패할 용기가 없으면 아무것도 할 수 없거든. 오늘 ○○가 멋진 경험을 했네. 정말 멋져! 다음에 마음이 괜찮아지면 다시 도전해 보자.

■ 하루 종일 놀고만 싶은 아이에게

우리 ○○가 신나게 노는 거 보면 엄마까지 기분이 좋아질 정도로 재밌게 잘 놀더라. 그런데 나이에 맞게 배워야 하는 것들이 있어. 그래야 멋지게 자랄 수 있단다. 주어진 일을 해내면서도 충분히 놀 수도 있으려면 계획을 세우는 게 좋아. 엄마와 함께 계획표를 세워보자.

■ 온종일 엄마를 찾는 아이에게

우리 ○○는 엄마가 그렇게 좋아? 엄마도 ○○가 너무너무 좋아. 그런데 ○○가 계속 엄마를 찾으면 엄마가 집안일을 할 수도, 쉴 수도 없어. 결국 힘들어서 ○○랑 제대로 놀 수가 없겠지? 그럼 엄마도 속상하고 ○○도 속상하겠는 걸? 차라리 이러는 게 좋을 거 같아! 지금부터 몇 시까지는 같이 신 나게 놀고, 그때부터 몇 시까지는 엄마가 쉴 수 있게 해줘. 그럼 그다음에는 또 다시 같이 놀 수 있어! (나이에 따라 5분이 될 수도, 1시간이 될 수도 있다. 모래시계 앱을 활용하면 좋다.)

■ 불안하거나 감각이 예민하여 활동에 참여를 못 하는 아이에게

참여하는 게 아직은 힘들구나. 엄마도 어렸을 때 그랬던 기억이 나. 사람마다 성격이 달라서 그렇단다. 그럼 오늘은 눈으로만 지켜볼까? 그리고 다음 시간에는 살짝 만져만 볼까? 한 번에 잘하지 못해도 돼. 조금씩 조금씩 용기 내면 언젠가 해낼 수 있어!

아이에게 부모란 심리적 안전 기지다.

너를 위한
단 한 사람

단단하고 안정된 사랑이 주는 힘

 육아서를 읽다 보면 '회복 탄력성'이란 단어가 자주 보인다. 회복 탄력성이란 역경에 무너지지 않고 다시 일어설 수 있는 '마음 근육'을 의미한다. 원어로는 resilience, 즉 탄성이란 뜻이다. 시련과 실패를 겪었을 때 회복 탄력성이 약한 사람은 무너져내리고 회복 탄력성이 강한 사람은 역경을 발판 삼아 더 높이 뛰어오를 수 있다고 한다.

 아이에게도 회복 탄력성을 길러주는 게 무척 중요하다는데, 이 멋진 능력은 어떻게 길러주는 걸까? 아이가 울 때 혼자 그치도록 내버려 두면 되나? 힘든 상황에 자꾸자꾸 밀어넣어 이겨내도록 해야 하나? 엄격하게 자기 조절력을 훈련시켜야 하나? 놀랍게도 회복 탄력성이라는 개념은 애착, 즉 신뢰가 바탕이 된 애정 어린 관계의 중요성에서부터 출발했다.*

제2차 세계 대전 직후 카우아이섬은 가난과 질병, 범죄로 가득찬 불행한 곳이었다. 미국 사회학자들은 이러한 열악한 환경이 인간을 사회적 부적응자로 만들며 불행한 삶으로 이끈다는 것을 밝히고자 카우아이섬의 신생아들이 어른이 될 때까지 추적 조사하는 대규모 프로젝트를 시행했다.

연구 결과, 가장 열악한 환경에 처한 고위험군의 3분의 2는 예상대로 가장 불행한 어른으로 자란 반면 놀랍게도 3분의 1은 그렇지 않았다. 부적응은커녕 도덕적이며 유능하고 행복한 어른으로 성장했다.

가설의 인과 관계가 성립되지 않자 연구자들은 혼란에 빠졌다. 에미 위너 교수는 이렇게 어려운 환경에서도 무너지지 않는 건강한 힘을 회복 탄력성이라 칭했고, 그 원동력을 찾아내려 애썼다. 과연 무엇이었을까. 연구팀이 50년에 걸쳐 발견한 회복 탄력성의 핵심은 다음과 같다.

---

* 『회복탄력성』(김주환 지음, 위즈덤하우스)

시련을 이겨낸 아이들에게서 하나의 공통점이 발견되었다. 바로 이들의 삶에 자신을 무조건적으로 이해하고 받아주고 사랑해주는 어른이 한 명은 있었다는 것이다.

엄마든 아빠든, 조부모나 친척, 때로는 마을 사람이나 선생님이든, 역경 속에서도 행복하게 자란 아이들에겐 예외 없이 '기댈 언덕'이 되어주는 사람이 존재했다. 언제나 자기편이 되어주는 누군가에 기대어 자존감을 기르고 자기 자신과 타인에 대한 사랑을 발달시킬 수 있었다. 충분한 사랑과 신뢰, 이것이 회복 탄력성의 뿌리다.

특히 까다롭고 예민한 기질의 아이들은 양육 태도에 영향을 더 많이 받는다. 양육자가 엄격하고 냉담하면 가장 불행하게 자라고 양육자가 따뜻하고 반응적이면 누구보다 유능하고 행복한 사람으로 성장한다고 밝혀지고 있다.

정신과 의사 정혜신의 책『당신이 옳다』에도 인상 깊은 내용이 나온다. 부모와의 오랜 갈등으로 인해 심각한 우울증에 시달리는 중학생 아들이 있었다. 이에 충격을 받고 정신을 차린 엄마가 아이를 데리고 정신과를 전전한다. 하지만 아이는 병원 가기를 거부하여 엄마를 더 걱정하게 만든다.

그런데 이상한 일이 생겼다. 약도 치료도 없이 아이의 우울감이 해소되기 시작한 것이다. 나중에 아이는 이렇게 말했다고 한다. 엄마와 손을 잡고 병원을 오간 그 시간이 좋았다고, 병원 근처에서 엄마와 함께 먹었던 돈가스가 너무 맛있었다고.

아이는 자기 존재의 상태를 주목해 주고 알아주는 사람을 찾지 못한 채 기진맥진한 상태로 발견된 것이라고 작가는 설명한다. 몇 번을 읽어도 이 문장은 가슴이 아리다. 그러다 걱정하는 엄마를 보며 자신이 엄마에게 유의미한 존재라는 것을 확인하고 안심했던 것이다.

작가는 이 아이에게 심리 검사나 약물 치료보다 엄마 그 자체가 더 강력한 치유제라고 말한다. 엄마가 아이에게 관심을 갖고 상태에 집중하면 아이의 상처는 자연스레 치유되기 때문이다.

아이에게 부모란 심리적 안전 기지다. 있는 그대로 사랑받고 신뢰받은 아이는 기질적 취약점과 환경적 시련마저 이겨낼 것이다. 마음 둘 곳이 있는 아이는 편안히 자기가 가진 잠재력을 빛내며 살아갈 것이다.

내가 아이를 키우며 꼭 지키고 싶은 것을 한 가지 꼽으라면 바로 이것이 아닐까. 아이의 마음을 알아주는 것, 아이의 얘기에 귀 기울여주는 것, 아이의 존재 자체를 인정하는 것. 고작 몇 년 키웠지만 아이가 자랄수록 이것이 쉽지 않음을 느낀다. 사춘기가 되면 지금과는 차원이 다른 어려움이 있을 것이다. 하지만 부모가 내 편이라 느끼는 것이 아이 인생에 얼마나 큰 차이를 만드는지 알기에, 그거 하나만큼은 지켜내려 애쓰고 있다.

"아들, 사랑해."

"어~."

대수롭지 않은 듯 대답하는 너에게 감사하다. 당연한 말을 굳이 하느냐는 듯이.

"사랑해"라는 말이 너에겐 특별한 말이 아니길, 어려운 말이 아니길, 어색한 말이 아니길, 언제나 당연하길, 공기처럼 자연스럽길 바란다.

엄마가 너를 단단히 사랑한다는 흔들리지 않는 믿음이 있길, 그 믿음이 살면서 겪는 여러 어려움들을 이겨낼 수 있는 힘이 되어주기를, 언제든 너에게 내가 안전한 존재이기를!

불안한 아이에겐
극애착 육아

정서적 안정은 애착에서 출발한다

불안한 아이는 예민한 편도체를 갖고 있다. 편도체는 뇌에서 불안이나 공포 등의 원시적 감정을 관장하는 부위다. 태어날 때부터 편도체가 예민한 아이는 불안해서 잠도 잘 못 자고, 작은 소리에도 깜짝깜짝 놀라고, 낯가림이 심하고, 잠시도 엄마와 떨어지지 않으려 한다.

품 안에서만 잠드는 아이라면 그 이유는 손을 타서도, 엄마가 잘못 키워서도, 애정 결핍도 아니라 편도체가 예민하기 때문일 경우가 많다.

기질은 선천적이며 바꿀 수 없다고 알려져 있지만, 기질 요소들 중 불안은 어느 정도 가변성이 있다. 물론 기질을 완전히 바꿀 수 있다는 말은 아니고 보다 심해지거나 보다 약해질 여지가 있다고 이해하면 된다.

불안하고 예민한 아이를 키울 때에 가장 중요한 것을 하나만 꼽으라면 나는 언제나 '정서적 안정'을 말한다. 예민한 아이를 키우면서 걱정하게 되는 수많은 문제는, 사실 정서만 안정되면 웬만큼 저절로 해결되는 것들이다. 불안한 정서가 원활한 신체적·인지적 발달도 막고 사회성도 방해하기 때문이다.

불안은 인간의 가장 원초적인 감정이기에, 불안도가 높은 사람은 불안을 다스리는 데에 모든 에너지를 써버린다. 불안은 에너지 구멍이나 다름없다.

불안한 아이는 하루 종일 소모적으로 애를 쓰고도 여전히 불안하다. 불안한 아이는 늘 기분이 안 좋고 짜증을 많이 낸다. 이런 아이를 둔 엄마는 안 그래도 힘든 육아를 더 어렵게 느낄 수밖에 없다.

뇌는 끊임없이 신경 경로를 만들고 조정한다. 자주 쓰는 회로들은 강화되고 안 쓰는 회로들은 정리된다. 자주 쓰는 뇌는 강해지고 안 쓰는 뇌는 약해진다.

계속해서 새로운 길을 익혀야 하는 택시 기사들은 공간 감각과 기억을 관장하는 해마가 일반인보다 훨씬 크게 발달한다. 운전한 햇수가 많을수록 해마는 더 커졌다고 한다. 이처럼 우리 뇌에는 가소성이 있으며, 특히 영유아기에는 뇌 가소성이 더욱 크다.

타고난 기질이 어떻든 어릴 때 위협적인 환경에서 자란다면 불안도가 높아지는 건 당연하다. 그런 경험에 의해 불안을 관장하는 편도체가 과도하게 발달하는 것이다.

반면 예민한 편도체를 타고난 불안한 아이라도 안정적인 환경이 지속적으로 제공되면 편도체의 활성화도가 약해지는데 세상을 안전한 곳으로 인식하여 과활성화됐던 회로들이 가지치기되어 잠잠해지는 원리다.

또한 어린 시절 애착 육아는 '불안을 느끼는 뇌'인 편도체와 '불안을 조절할 수 있는 뇌'인 전두엽을 연결시켜준다. 아이의 마음을 보살피고 문제가 생기면 해결책을 일러주는 부모의 노력은 결코 헛되지 않다. 아이의 평생을 좌우하는 매우 중요한 일이다.

생애 초기는 세상에 대한 신뢰감을 형성하는 시기다. 『감정조절 안 되는 아이와 이렇게 대화하기 시작했습니다』의 저자 노라 임라우는 감정이 격한 아이일수록 특별히 더 애정 어린 동행이 필요하다고 강조한다.

흥분한 아이를 혼자 두어 스스로 자제력을 키우게 한다는 생각은 오히려 역효과를 부르고 손 쓸 도리가 없는 지경에 이르도록 일을 키운다.

반대로 스트레스 상황에 처한 아이를 안아주며 위로의 말을 건네면 그 순간은 물론이고 장기적으로도 아이의 마음 근육이 단단해진다. 회복 탄력성을 주관하는 미주 신경이 튼튼해져서 결과적으로 스스로 스트레스를 떨치고 안정을 되찾는 감정 조절 능력이 길러지는 것이다.

그러므로 세상의 섣부른 조언에 흔들리지 말자. '너무 싸고 돌아서 아이가 예민해진다.'라는 말에 휘둘리지 말자. 아니, 정반대다. 보다 섬세히 보살피는 것뿐이다. 그리고 그것이 내 아이를 지키는 길이다.

불안하고 예민한 아이에게 극복 경험이 필요한 건 사실이나, 중요한 건 '긍정적 극복 경험'임을 잊으면 안 된다. 극복 경험이랍시고 부정적 경험에 자주 노출시키면 아이는 더욱 위축된다. 아이에게 좋은 기억이 많아야 세상을 보다 안전하게 바라볼 수 있다.

애착 육아는 아이를 파악하는 좋은 수단이 된다. 예민하고 복잡한 기질을 가진 아이일수록 잘 파악해야 한다. 복잡다단한 내 아이의 기질을 모른다면 닻 없는 배처럼 우왕좌왕 흔들려 육아가 꼬일 수 있다.

어려서부터 애착 육아를 지속하면 굉장히 큰 이점 중 하나가, 내 아이의 전문가가 된다는 것이다. 아이의 심리를 파악하면 갈등을 예방할 수도 있고, 아이가 어떤 감각이 예민하고 어떤 상황에 취약한지를 파악하면 과자극으로 인한 통제 불능 상태도 막을 수 있다. 아이의 불안이 어디서 기인하는지 파악하면 그에 맞게 정서도 안정시켜줄 수 있다.

그 어떤 전문가의 분석보다, 부모가 영유아기에 지지고 볶으며 시행착오도 충분히 겪고, 울고 웃으며 직접 부딪혀서 익히는 것이 최고다.

정서 안정을 최우선으로 두는 섬세한 애착 육아는 아이를 예민하게 만드는 것이 아니라 오히려 안정을 주고, 불안을 키우긴커녕 불안을 잠재워준다.

분리 불안이 아닌
그대로의 사랑

네 마음은 사랑이었구나

요새는 아이 스스로도 당황스런 눈치다. 여전히 엄마가 너무 좋지만, 더 이상 재밌진 않으니 말이다. 이렇게 커가는 거겠지. 이렇게 서서히 멀어지는 거겠지. 건강한 성장이다.

소문난 껌딱지였던 너. 나도 그만큼 네 껌딱지였기에 너의 강렬한 사랑이 조금도 거북하지 않았다. 오히려 난 너와의 진한 사랑이 반가웠다. 차고 넘치는 내 마음속 감수성을 쏟을 곳이 생겼으니 말이다.

한번은 네가 이렇게 말한 적이 있다. "난 왜 엄마를 보고 있어도 보고 싶지?" 맙소사, 이 표현을 창작해 내다니. 아이는 좋아서 어쩔 줄 모르겠다는 듯 내 품을 파고들었다. 너는 나를 우주처럼 여겼고, 나도 널 아낌없이 사랑했다.

유난히 엄마와 떨어지는 걸 힘들어했던 너. 엄마 품에서 떨어지면 자지러져서 유모차에도 태우지 못했다. 현관문을 나서면 아이의 뒷모습을 보기 어려웠다. 달이 지구를 바라보며 공전하듯 얼굴이 언제나 엄마를 향해 있었으니 말이다. 삼삼오오 모여 냅다 뛰어다니는 또래 아이들을 보면 신기할 따름이었다.

아이는 느지막이 유치원에 갔다. 요새는 유아 보육 기관을 일찍부터 다니는 추세라 어린이집에 안 보내면 이상하게 생각하는 분위기다. 가정 보육을 하며 아이와 함께 슈퍼라도 나가면 대체 왜 여태껏 끼고 있느냐는 질문을 매일같이 들었다.

못난 엄마였던 나는, 아이와 함께하는 시간이 행복해서 안 보낸다고 멋지게 대답하지 못했다. 아이의 분리불안을 탓했다. 아이가 들을까 봐 목소리를 낮추어 변명하곤 했다. 그렇게 나는 널 기관에 '안' 보낼 수 있었는데 결국 '못' 보내고 말았다.

어딜 가도 한소리씩 해대니 그럴 만도 했다. 엄마가 아이를 못 놓는다느니, 그렇게 끼고 키우면 아이를 망친다느니, 엄마 때문에 아이가 더 예민해지는 거라느니. 그런 말을 들으면 주눅이 들었다. 나도 아이의 분리 불안이 걱정되던 터라 가슴이 미어졌다.

아이가 자라면서 알게 되었다. 엄마를 우주처럼 사랑하고 엄마와 떨어지면 세상을 잃은 듯 서럽게 울던 너의 마음이 사랑이었다는 걸. 그저 엄마를 너무 사랑해서 한시도 떨어지기 싫고, 안고 싶고 손잡고 싶고, 좋은 걸 보면 같이하고 싶은 순수하고 맑은 사랑이었다는 걸 말이다.

왜 이 애틋하고 아름다운 감정을 분리 불안이라는 병적인 말로 치부했던 걸까? 그리움이라는 감정, 참 힘든 건데. 엄마가 우주인 어린아이에게는 얼마나 더 힘들까. 나도 누군가가 보고 싶어 펑펑 운 적 있으면서, 전화를 끊기조차 힘들어서 질질 끈 적 있으면서, 가슴이 아릴 정도로 그리워한 적 있으면서. 이 단순하고 명확한 걸.

나와 남편의 유전자이니 당연한지도 모르겠다. 지금의 남편과 연애하던 대학생 시절에 우리는 장거리 커플이었고 주말에만 만날 수 있었다. 일요일 저녁이 되어 남편이 돌아가야 할 시간이 오면 난 심장이 바늘로 콕콕 찌르듯 아팠다.

깊은 슬픔에 압도되어 "제발 다음 버스 타."라며 남편을 버스 정류장에 붙잡아 놓았다. 나만큼이나 마음이 여린 남편은 내 손을 꼭 잡아주며 버스를 몇 대씩 보냈다. 막차가 올 때까지 곁에 있어주곤 했다.

그때 내 마음은 불안이 아닌 사랑이었다. 너무나 깊게 사랑하는 사람과 떨어지는 게 슬픈, 순전히 그 마음뿐이었다. 연인 관계에서 흔하게 생기는 이런 정서를 누가 분리 불안이라고 말하겠는가? 그런데 왜 아이가 이런 행동을 하면 분리 불안이라 부르며 경계하는가?

나는 연애 시절, 나를 이해해 주는 남편이 참 좋았다. 이토록 애절한 마음을 알아주고 수용해 주는 데에서 깊은 신뢰와 애정을 느꼈다. 아이도 내 마음과 똑같았으리라.

아이는 엄마와의 애착을 넘어 세상에 마음을 여는 데 시간이 필요했을 뿐이다. 에릭슨의 심리 사회 발달 이론에서는 생후 1년까지를 세상에 대한 신뢰감을 쌓는 시기라고 하는데, 예민한 내 아이는 그 시간이 남들보다 좀 더 필요했다.

엄마에게 전적으로 의지하여 세상을 배워 나가던, 맘껏 연약해도 되었던 생애 초기 몇 년은 아이에게 꼭 필요한 시간이었다.

아이는 그 시간을 통해 더디지만 탄탄히 성장했다. 세 돌쯤 되어 아빠에게 마음을 열었고, 네 돌쯤 돼서야 가정 외 교육 기관에 처음 도전할 수 있었으며, 다섯 돌이 돼서야 친구들과 놀기 시작했다.

돌아보면 짧디짧았다. 365일 24시간을 너와 함께 보냈던 때는 긴긴 인생에서 고작 손에 꼽을 몇 년뿐이다. 난 너를 후회 없이 사랑했고 품안의 자식 시절을 온전히 누렸다. 달콤한 살 냄새를 맡으며 온 일상을 함께할 수 있는 쫀득한 생활은 일생에 단 한 번 주어지는 선물이라는 것을 안다.

가장 힘들었지만, 아이러니하게도 그 시간은 평생 가장 행복한 시절로 남아 백발 할머니가 되어서도 나를 미소짓게 할 것이다. 다시 돌아간다 해도 똑같이 키울 것이다. 단, 변명은 덜하고 당당하게 말이다.

나중에 나 같은 엄마를 보면 꼭 좋은 말만 전해 줘야지. 그때만 누릴 수 있는 진한 사랑이라고. "제일 좋을 때다."라는 상투적인 말을 온 마음 다해 전해 주고 싶다.

'엄마 껌딱지'라니, 얼마나 사랑스러운 단어인가. 호호할머니가 되어서도 밀착 육아를 전파하고 다녀야지.

있는 그대로의 나를 사랑해

나에게도 적용하자

나는 예민한 아이였다. 남편은 불안한 아이였다. 우리는 스스로를 있는 그대로 사랑하지 못했다. 나는 예민함을 숨기며 살았고, 남편은 불안을 저주로 여겼었다. 그랬던 우리가 서로를 만나 우리의 모습을 반씩 닮은 아이를 낳았다.

아이는 예민하고 불안했으나 그 자체로 너무나 사랑스러운 한 영혼이었다. 키우기 어려운 아이였지만 다시 태어나도 이 모습 그대로의 내 아이를 만나고 싶었다. 그게 너니까. 너는 그 모습 그대로 우리에게 최고의 존재니까.

아이 덕분에 남편과 나는 서로를 더 잘 이해하게 됐다. 아이 마음을 파악하기 위해 많은 대화를 나눴고, 깊이 숨겨 두었던 상처들을 마주했다. 연애를 10년 하고 결혼했는데도 남편은 내가 얼마나 예민한 사람인지 몰랐고 나 또한 남편이 그토록 불안한 사람인지 몰랐다. 아니, 더 정확히 말하자면 스스로도 몰랐다. 사회적으로 다스려진 성격으로 살아왔으니까.

그런데 육아로 인한 자아 성찰 덕분에, 언제나 우리의 날개를 꺾고 발목을 잡고 끌어내리던 블랙홀의 정체를 알게 되었다. 그것은 특정한 불운한 사건도 아니었으며 누군가의 잘못도 아니었으며, 더 재밌는 건 예민함이나 불안함이라는 기질 특성 자체도 아니었다. 우리가 내내 힘들었던 이유는 우리의 타고난 모습을 꾸밈없이 받아들이지 못했기 때문이었다.

처음으로 내면 아이를 깊게 들여다보았다. 처음으로 우리의 기질을 언어로 정의하고 설명했다. 처음으로 민낯의 감정들을 숨김없이 드러내고 이해받았다. 모두 첫 경험이었다. 타고난 모습 그대로 바라보는 경험은 우리의 날개가 되었다. 아이로 인해 시작했지만 우리 인생에도 터닝 포인트가 됐다. 이제야 비로소 삶의 주체가 된 기분이다.

"너처럼 나를 이해해 주는 사람은 없어."라는 남편의 말에서 그동안의 고생이 느껴진다. 아이의 기질을 수용하고 있는 그대로 사랑하고자 외치는 나의 육아 방향성이 옳다는 확신이 든다.

우리가 돌고 돌아 삼사십 년만에 물리친 블랙홀, 네 마음속에는 비집고 들어갈 틈조차 없도록 사랑으로 꽉꽉 채워줄 테야.

생각해 보면 난 원래 민감한 사람들을 좋아했다. 내가 제일 좋아하는 친구들을 꼽아보면 대부분 민감한 성향의 친구들이다. 난 민감한 사람들의 사려 깊음이 좋다.

민감한 친구들은 예쁜 말만 골라서 하고, 남에 대한 배려가 몸에 배어 있다. 자기 마음이 여린 만큼 남에게도 상처를 주지 않으려 노력하고, 넘치는 감성만큼 남을 잘 챙기고 남다른 사랑과 우정을 나누는 그들이 좋다.

민감한 나도 좋다. '난 왜 이렇게 예민할까?'라며 자책했던 날들도 많지만, 이제는 나를 보는 눈이 바뀌었다.

말하지 않아도 가족들의 필요를 알고, 우리 햄스터가 무슨 먹이를 제일 좋아하는지 알고, 단골 가게 사장님의 표정을 읽을 줄 알고, 옆집 할머니가 컨디션이 나빠 보이면 손을 내밀 줄 알고, 마음이 외로운 친구들에게 안부를 건넬 줄 아는, 남들보다 조금 더 감성적이고 조금 더 생각이 많은 이런 내가 좋다.

이런 민감한 내 모습을 아이도 닮길 바란다. 아이가 아주 어릴 때부터 하나의 인격체로 존중한 모습을, 소중한 가치들을 지키기 위해 끝까지 포기 않고 노력하는 모습을, 불완전한 나를 있는 그대로 받아들이고 보듬는 모습을, 언제나 흔들리면서도 길을 찾아 가는 모습을.

남편과 내면 아이에 대한 이야기를 시작하는 방법

1. 아이와 닮은 어린 시절을 찾아본다
아이와 연관된 모습을 주제로 삼으면 대화의 물꼬를 트기가 수월해진다. 우리에게는 아이의 불안이 제일 고민인 시기였기에 그에 대한 이야기들을 꺼내게 되었다. 기억을 더듬어 어린 시절 불안을 느꼈던 에피소드들을 꺼내고, 서로의 얘기를 들어주었다.

2. 그때 기분이 어땠는지 얘기해 본다
아이 마음에 대한 이해를 돕기 위해 서로가 느꼈던 감정들을 공유했다. 그러면서 각자가 어떤 기질의 아이었는지, 어떤 상황에서 어떤 감정을 주로 느꼈는지를 깨닫게 되었다. 현재의 모습과도 연결시킬 수 있었다.

3. 그때 무슨 얘기를 듣고 싶었는지 말해 본다
아이가 비슷한 상황에 처했을 때 위로나 조언을 건네는 데에도 참고할 수 있지만, 더 중요한 건 이때 나오는 말이 현재에도 듣고 싶은 말일 가능성이 크다는 것이다. 상대가 듣고 싶어 하는 말이 무엇인지 아는 것은 부부 관계의 키워드라 할 수 있을 만큼 중요하다.

아이가 주는 기회를
놓치지 말자

아이의 사랑이 공허한 마음을 채운다

돌아보면, 아이는 엄마에게 생각보다 많은 것을 주었다. 엄마는 아이에게 밥도 먹여주고 잠도 재워주고 몸도 씻겨주지만, 아이는 엄마에게 더 큰 것을 준다.

무한한 사랑. 순전한 사랑. 엄마의 사랑보다 더 큰 아이의 사랑. 엄마는 때때로 아이가 밉기도 하고 아이 없던 시절을 그리워하기도 하고 아이가 잘 때만을 기다리기도 하지만, 아이는 언제나 변함없이 엄마를 사랑한다.

때로는 토라졌다가도 엄마가 먼저 손 내밀면 언제나 돌아와주는 아이. 미숙한 만큼 너무나 순수하고 온전한 그 사랑.

때로는 부담스럽고 귀찮기까지 하지만, 아이의 철회 없는 안전한 사랑은 엄마의 마음에 시나브로 스며들어 내면을 단단하게 해준다.

엄마는 여자보다 강하다고 했던가. 엄마를 무조건적으로 믿어주는 아이가 있기에, 엄마를 그 누구보다 최고라 생각하는 아이가 있기에 엄마는 뭐든 할 수 있는 힘센 존재가 된다.

그저 엄마란 이유 하나만으로 아무런 조건도 없이 사랑을 퍼부어준 아이. 무한한 사랑으로 내 마음을 가득가득 채워준, 너무나 안전하게 나를 사랑해 주던 나의 아이. 나는 아이와 안전 애착을 맺으며 마음을 치유했고, 우리는 그렇게 서로의 사랑을 안전 기지 삼아 함께 자라났다.

어릴 적 좋아하던 애니메이션 〈미녀와 야수〉를 최근에 다시 보게 되었는데 이전에 보지 못한 것이 눈에 들어왔다. 공주가 된 미녀보다, 사랑을 찾은 야수보다 꼬맹이 컵을 데리고 다니는 주전자 아줌마가 내 시선을 끌었다. 주전자 아줌마가 제일 행복해 보였기 때문이다.

아줌마는 주전자로 변한 와중에도 아이를 챙기느라 바쁘다. 아이는 컵으로 변한 와중에도 엄마가 함께 있어 행복하다. 둘의 모습이 사무치게 아름다웠다. 엄마라는 자리, 참 귀하게 쓰임받는 자리구나. 아이가 있다는 건, 지킬 존재가 있다는 건 그만큼 막중한 책임감과 노동이 따르지만 무엇과도 바꿀 수 없는 삶의 가장 큰 가치이자 행복이며 강력한 힘이 된다.

외상 후 성장(post-traumatic growth)이라는 표현이 있다. 이는 외상 후 스트레스(post-traumatic stress)에 대비되어 생긴 용어로, 시련과 역경을 딛고 더 성장하는 것을 가리킨다.

외상 후 성장은 세상을 바라보는 시각을 변화시키고, 나아가 개인의 삶을 변화시킨다. 심해만큼 깊디깊은 아이의 사랑을 온전히 받아들이는 엄마들도 이를 경험한다.

아이를 키우며 '나를 잃었다.'고 표현할 만큼 바닥을 쳤던 엄마들이 다시 일어설 수 있고 더 단단히 성장할 수 있는 것은 아이의 사랑 덕분일 것이다.

엄마의 마음속에 얼마나 큰 구멍이 있건, 얼마나 지독한 블랙홀이 있건, 아무리 새어나가도 그보다 더 넘치게 채워지는 아이의 사랑. 이러한 사랑은 영원하지 않다. 긴긴 인생의 10년 정도, 아니 그보다도 적은 기간 동안 우리에게 주어지는 선물이다.

집 안 가득하던 쪼잘쪼잘 내 목소리가 언젠가부터 들리지 않을 테지. 놓치지 말자, 이 시간, 이 기회.

영원할 줄 알았던 지난날의 너와 나.
너의 목소리도 너의 눈동자도 애틋하던 너의 체온마저도
기억해 내면 할수록 멀어져 가는데 흩어지는 널 붙잡을 수 없어.
바람에 날려 꽃이 지는 계절엔 아직도 너의 손을 잡은 듯 그런 듯해.
그때는 아직 네가 아름다운 걸 지금처럼 사무치게 알지 못했어.
너의 향기가 바람에 실려 오네. 영원할 줄 알았던.

「스물다섯 스물하나」 (자우림)

아이를 키우다 보면 모든 영화와 모든 노래에 아이를 대입하게 된다. 자우림의 노래 「스물다섯 스물하나」를 들을 때에도 나는 아이가 떠오른다.

영원할 것 같았지만 속절없이 지나가버린 우리의 청춘처럼, 내 어린 자식과의 날들도 눈 깜짝할 새에 흩어져 간다. 까마득한 나의 스물한 살 스물다섯 살처럼, 어느샌가 아이의 한 살도 저 멀리 멀어졌고 아이의 다섯 살도 잊혀간다. 모든 나이가, 모든 순간이 그럴 테지. 조금씩 멀어져 가는 걸 느낀다. 하지만 나는 이미, 충분히 받았다.

이만하면
꽤 좋은 엄마

엄마도 완벽하지 않아도 된다

우리는 다이어트를 할 때 전 세계 1% 모델 몸매를 목표로 삼지 않는다. 마음에 드는 옷이 예쁘게 맞을 정도면 만족한다. 우리는 돈을 모을 때 최고의 갑부가 되길 꿈꾸지 않는다. 너무 큰 어려움 없이 편하게 살 정도면 된다고 생각한다.

그런데 유독 엄마 됨에 있어서는 엄격하다. 다른 건 몰라도 육아는 100점을 향해 달린다. 매일 스스로를 점수 매긴다. 오늘은 TV를 많이 보여줬으니 80점, 오늘은 재울 때 화를 냈으니 70점…. 점수가 50점 이하로 내려가는 날은 모든 걸 포기하고 싶은 마음까지 든다. '자격도 없는 내가 아이를 왜 낳아서!'

안다, 아이를 너무 사랑해서임을. 내 전부가 되어버린 작은 생명체에게 좋은 것만 주고 싶은 마음을 누가 틀렸다고 할 수 있겠는가….

저명한 소아과 의사이자 정신분석학자인 도널드 위니콧은 'Good enough mother'이라는 개념을 만들었다. 이는 우리말로 '충분히 좋은 엄마'로 번역되곤 하지만, 원어의 뜻을 더 정확히 살리자면 '그 정도면 꽤 괜찮은 엄마' 정도로 표현할 수 있다. 완벽하지 않아도 그럭저럭 괜찮은 엄마라면 충분하다는 뜻이다. 이것은 어줍짢은 위로의 말이 아니다. 위니콧이 수만명의 육아 사례를 관찰하여 내린 결론이다.

아이가 처음 태어나면 엄마들은 완벽해지기 위해 최선을 다한다. 덕분에 아이는 건강한 전능감을 획득하여 자신감 있게 세상에 적응해 나간다. 하지만 시간이 지나면 엄마들은 차츰 완벽함을 잃는다. 그로 인해 아이의 전능감에도 조금씩 금이 간다.

그러나 이것은 건강한 과정이며, 대신 아이에게 현실감과 분별력을 길러준다고 한다. 완벽한 엄마보다 오히려 빈틈이 있는 엄마가 아이를 성장시킨다는 뜻이다. 그러니 완벽한 엄마가 아니라 그냥 어느 정도 괜찮은 엄마면 된다. 그거면 충분하다.

내가 우울증을 앓는 동안 아이도 힘든 시간을 보냈다. 엄마와의 행복한 추억에 큰 공백이 생겼으니 말이다. 그러나 여리디여린 내 아이는 엄마의 육아 우울증을 굳건히 이겨낸 전사가 되었다. 그동안 아이는 좀 더 자립심이 생겼고, 좀 더 단단하고 성숙해진 모습이다.

내가 백 퍼센트를 쏟아붓지 않으면 아이가 부서질 것만 같았는데, 그렇지 않았다. 어린 나이에 인생의 쓴맛을 봐야 했던 아이에게 너무 미안하지만, 어쨌든 아이가 얻은 것도 분명 있더라.

그리고 나는 늘 최선을 다했다. 부족하지만 그때는 그게 최선이었다. 최선을 다하지 않는 엄마는 없다. 그 최선이 개개인마다 혹은 상황마다 다를 수 있을 뿐. 최선을 다해도 빈틈이 있을 뿐. 육아가 힘들고 지친다면 당신이 이미 최선을 다하고 있다는 방증이다.

이분법적 사고는 육아를 더욱 힘들게 한다. 흑 아니면 백, 전부 아니면 전무, 성공 아니면 실패. 나는 '좋은 엄마'이거나 '나쁜 엄마'이거나 둘 중 하나였다. 나는 '아이를 훌륭히 키우거나' 혹은 '아이를 망치거나' 둘 중 하나였다.

그러나 그렇지 않다. 불완전한 남녀가 만나 맞춰가며 살듯, 육아도 마찬가지인 것 같다. 미성숙한 아이만큼이나 엄마도 불완전하다. 괜찮다. 엄마의 자연스런 희로애락을 보며 아이는 세상이 대체로 따뜻하지만 완벽하지 않다는 이치를 배우게 될 것이다. 그렇게 아이는 '그 정도면 꽤 행복한' 아이로 자랄 것이다.

나의 모진 말 때문에 아이 마음에 평생의 상처가 남을 것 같고, 나의 게으름 때문에 아이의 날개가 꺾일 것 같고, 나의 무지함 때문에 아이의 미래가 회색빛이 될 것 같지만, 그런 고민을 하는 것만으로도 우리는 이미 노력하는 엄마다.

우리는 모두 Best mother도 아닌 Worst mother도 아닌 그 사이 어디쯤에 있는 평범한, 빈틈 있는, '이만하면 꽤 괜찮은 엄마'다.

✦ 꿈을 꾸었다 ✦

자다가 꿈을 꾸었다.
지금까지 내가 아이를 낳고 기른 것이
모두 없던 일인 꿈이었다.
아이는 없었고, 나는 자유의 몸이었다.

악몽.
꿈인데도 엉엉 오열했다.
안 돼, 안 돼.
자유 필요 없어, 편한 거 필요 없어.
네가 없다니 그럴 수는 없어.

퍼뜩 놀라 눈을 떠 보니
눈앞에 아이가 새근새근 자고 있다.
언제 또 굴러 와서
내 배를 베고 자고 있네.
엄마 자는 데 방해되니까
배 베지 말라고 했는데
또 굴러왔네.

가만히 너의 무게감을 느끼며
쿵쿵대는 마음을 진정시켜본다.
내 삶에 있어줘서 고마워.

고마워, 고마워,
소중한 나의 아가.

지금 이 순간, 여기 이곳 • 188
tip Here and Now를 사는 법 • 192
받아들임의 미학 • 193
나랑 다시 친해지기 • 196
적극적 행복 세팅 • 200
적극적 불행 퇴치 • 205
슬기로운 SNS 생활 • 210
무엇도 당연하지 않다 • 215

지금 이 순간을 살다

지금 이 순간, 여기 이곳

내 눈앞의 아이에게 집중하자

하버드대에서 '행복학' 강의로 유명한 탈 벤 샤하르 교수는 행복의 조건에 대해 이렇게 이야기한다. "지속적인 행복을 얻으려면 현재와 미래의 즐거움을 잘 조화시켜야 하며, 행복은 산의 정상에 도달하는 것이 아니라 산의 정상을 향해 올라가는 과정에 있다."

아이를 키우는 과정은 이미 현재보다 미래를 위한 투자성이 짙다. 아이가 울며 떼 부릴 때 대충 과자를 줘서 달래고 싶지만 엄마들은 아이의 미래를 생각하기에 인내심을 갖고 감정을 다스리는 정도를 가르치려 애쓴다.

편식하는 아이와 다투다 지쳐 포기하고 싶은 마음이 굴뚝같지만 엄마들은 아이에게 건강한 반찬을 하나라도 더 먹이려고 노력한다. 심심하다고 떼쓰는 아이를 슬쩍 TV에 맡기고 싶지만 최대한 건강한 놀이나 책으로 풀어주려 한다.

행복은 즐거움과 의미가 만나는 곳이라 한다. 아이를 키우는 엄마들에게 이미 '의미'는 충분하다. 그러나 즐거움은 어떤가? 아이를 잘 키우겠다는 생각, 즉 미래에만 초점이 맞춰져서 현재의 즐거움을 놓치는 경우가 많다. 그래서 우리는 의식적으로 현재의 즐거움을 챙겨야 한다. 오늘을 살기. 현재를 살기. 지금 이 순간, 여기 이곳을 살기.

우리는 아이랑 놀면서도 머릿속으로 저녁밥을 고민하고, 저녁을 먹으면서 설거지 생각을 하고, 설거지를 하면서 아이를 재울 생각을 하고, 아이를 겨우 재우고는 다음 날 아이랑 뭐 할까를 고민하는데 그러지 말고 그때그때의 순간에 집중하자는 것이다.

Here and Now를 연습하면 육아 스위치를 필요에 따라 켜고 끌 수 있게 된다.

아이와 함께할 때는 육아 스위치 ON! 온전히 아이에게 집중한다. 동글동글한 아이의 모습을 지그시 바라보면서 눈에 담는다. 보들보들한 살결을 만지는 손끝의 감각에 집중한다. 아이의 목소리에 온전히 집중한다. 뭉개뭉개 생각이 차오를 새 없이 감각에 집중할 때 그 순간을 온전히 누릴 수 있다. 마음이 충만해진다. 사랑하는 아이와의 진짜 교감이 이루어진다.

아이가 없을 때는 육아 스위치 OFF! 나는 아이를 유치원에 보내고도 '잘 지내고 있을까?' 걱정하는 시간이 많았다. 특히 적응 초반에 아이가 울면서 등원하는 날이면 내내 아이 생각을 떨칠 수가 없었다. 아이를 재우고도 마찬가지였다. '이러면 안 된다.'란 말이 잔뜩 써 있는 육아서를 읽으며 죄책감에 시달렸고, 아이에게 좋다는 책이나 놀이들을 검색하기 바빴다.

하지만 이내 그것들이 부질없다는 것을 깨달았다. 아이와 함께 있을 때 아이에게 집중하기 위해서 아이가 없을 때는 육아 스위치를 *끄자*. 일이든, 놀이든, 쉼이든, 나를 위한 것에 몰입하자.

나도 꾸준히 연습 중이다. 자꾸자꾸 되뇌이고 상기시키지 않으면 어느새 마음이 저 멀리 가 있다. 아이를 앞에 두고도 스물스물 다른 생각들에 잠식되려 할 때, 온전한 내 시간인데도 누리지 못하고 아이 고민에 압도되려 할 때, 마음속으로 'Here and Now'를 외치며 순간에 집중해 본다. 의식적인 노력이 필요하다. 그러나 순간에 접촉하는 그 기쁨을 한번 맛보면 왜 이렇게 많은 사람들이 'Here and Now'를 외치는지 알게 된다.

많은 전문가들이 Here and Now를 행복의 비결로 꼽으며,

Here and Now에서 멀어지는 것이 우울증과 불안증의 주범이라 한다. 과거는 미화되고 미래에는 환상 필터가 씌워져 있다.

지금 내가 누리는 '현재'도 과거 임산부 시절에 그토록 기대하던 미래였고, 이후 가슴 시리도록 예쁘게 추억될 과거가 된다. 그러니 우리에게 주어진 오늘의 반짝임을 놓치지 말자. 곳곳에 숨겨진 감사함을 찾아내자.

Here and Now를 사는 법

1. 감각에 집중하자
피곤할 때 찾게 되는 커피 한 잔, 배고플 때 먹는 맛있는 밥 한 끼, 산책할 때 피부로 느껴지는 햇살과 바람, 아파트 앞에서 지저귀는 새소리, 마음에 쏙 드는 책 한 권 그리고 지금 내 앞에 있는 아이의 웃음. 스물스물 올라오는 걱정과 고민을 멈추고 감각에 집중하여 능동적으로 행복을 느끼면 일상이 달라진다.

2. 루틴한 결정은 미리 해두자
그날의 식사 메뉴, 오후 일정 등 매일 해야 하는 결정은 전날 저녁이나 당일 아침에 해두자. '오늘 뭐 먹지?', '이따 뭐 하지?', '이거 언제 하지?' 하는 잡고민들이 삭제되면 하루가 편안하다. 아이에게 학습을 시키고 싶다면 그것도 규칙을 미리 정한다. 그러면 나머지 시간에는 고민 없이 놀이와 일상에 집중할 수 있다.

3. 고민 타임을 따로 마련하자
문득문득 떠오르는 고민은 적어 두었다가 따로 정해 놓은 고민 타임에 생각하도록 한다. 나중에 보면 별거 아닌 것도 많고, 집중해서 글로 적어가며 생각하면 쉽게 해결되는 일들도 많다.

받아들임의 미학

육아의 고충을 자연스레 받아들이자

채정호 정신과 교수는 〈세바시: 세상을 바꾸는 시간 15〉 강의에서 '긍정'의 참의미란 '있는 그대로 인정하고 수용하는 것'이라고 강조한다.

긍정의 사전적 정의는 '그렇다고 인정함'이다. 상황을 억지로 좋게 해석하는 게 아니라 있는 그대로 받아들인다는 뜻이다. 좋지 않은데 좋다고 하는 것은 가짜 긍정이며, 심지어 왜곡이자 망상이라는 것. 가짜 긍정을 멈추고 진짜 긍정을 실행할 때에 우리는 앞으로 나아갈 수 있다. 진짜 긍정은 '내 삶의 현장에서 내가 할 수 있는 것을 하는 것이다.'라는 것이 이 강의의 결론이었다.

이 강의는 나에게 큰 깨달음을 줬다. 시정이나 발전에 앞서 받아들임부터 되어야 한다. 아이의 기질적 취약성을 받아들임. 육아가 힘들다는 것을 받아들임. 나의 한계를 받아들임. 환경의 열악함을 받아들임. 부정적 감정을 받아들임. 현실을 받아들임. 그 모든 걸 받아들이고, 그다음 내가 할 수 있는 일을 할 것.

심리학자 박지선 교수가 〈유퀴즈 온 더 블록〉에 출연했을 때, 방송인 유재석에 대해 이런 말을 했다. "10년이 넘도록 그 자리에 있는 재석. 다른 사람들은 유재석 씨가 '유지'하고 있다고 생각하겠지만, 사실 그게 가능하려면 전보다 200퍼센트, 300퍼센트를 노력해야 하거든요."

성취에 대한 얘기였지만, 난 행복에 대해 생각해 본다. 전보다 몇 배로 노력해야 유지가 가능하다는 것. 아, 이제는 행복도 적극적으로 노력해서 쟁취해야 하는구나.

툭 까놓고 말해 엄마들이 아가씨 때처럼 '저절로' 행복하기에는 여러 자원이 사라졌다. 어딜 가도 대우받던 젊음과 생기, 그 자체로 즐거웠던 보기 좋은 외모, 뭐든지 할 수 있던 자유와 선택권, 오로지 나에 집중할 수 있던 여유. 이런 것들이 아득히 멀어져 손에 닿지 않는다. 그래서 예전처럼 행복하기 위해서는 이전보다 조금 더 의식적으로 노력해야 한다.

살짝 울적한 느낌이려나? 오히려 난 이것을 깨닫고 무척 기뻤다. 예전처럼 기본 무드가 행복하지 않은 이유를 찾은 게 희망적이었다. 노력할 방향을 알게 되었으니 말이다. 내게 필요한 건? 받아들임 그리고 적극적 행복 찾기. 소소하지만 유익한 노력들은 나를 한 번 더 웃게 하고, 한 번 더 설레게 한다.

프롤로그에 썼던 기도문을 다시 한번 공유한다.

"신이시여!
제가 바꿀 수 없는 것은
받아들일 수 있는 평온함을 주시고,
제가 바꿀 수 있는 일을 위해서는
도전하는 용기를 주시며,
그리고
이 둘을 구분할 수 있는 지혜를 주소서!"

「성 프란치스코의 기도문」 중에서

나랑 다시 친해지기

나에 대한 감각을 되찾자

아이가 어릴 때는 무엇 하나 마음대로 할 수가 없다. 아이가 자는 시간에라도 내 욕구를 채우기 위해 이런저런 시도를 해보지만, 에너지가 부족하여 이내 포기하고 만다. 드러누워 스마트폰만 들여다보며 몇 년이 흐르고, 그런 모습을 '나'라고 착각하게 된다.

여행을 좋아하던 엄마는 용기 내어 아이와 함께 어디론가 떠나보지만, 아이와 함께하는 여행은 너무 힘들어서 예전처럼 즐겁지가 않다. 괜히 애만 고생시키는 것 같고 돈도 아까워서 점차 여행 생각을 접게 되고, 언제부터인가 집순이가 되어 '나는 원래

집을 제일 좋아해.'라고 생각하게 된다.

살림을 좋아하던 엄마는 아이를 키우면서 애써 정돈해 둔 살림이 흐트러지는 데에 크게 스트레스 받는다. 집은 치워도 치워도 너저분하고, 요리를 열심히 해도 아이가 뱉어버리고. 힘만 들고 성과는 없으니 점차 살림을 놓게 된다. 그리고는 이렇게 생각한다. '나는 원래 게을러.'

그러면서 엄마들은 점점 위축되고 활동성이 낮아진다. 이게 길어지면 만성이 된다. 우울감이 있는 엄마들은 더하다.

나도 가정 보육을 오래 하면서 나에 대한 감각을 완전히 잃었었다. 쇼핑을 좋아하던 나는 온데간데없고 '편한 게 제일이야.'라며 펑퍼짐한 원피스만 여러 벌 사서 돌려 입고, 친구들과 모임을 사랑하던 나는 사라지고 '나는 원래 내향적이야.'라며 혼자만의 세계로 숨곤 했다.

열정이 넘치고 무언가에 빠지면 시간 가는 줄 모르고 몰두하던 나는 어느새 잊히고, 수동적이고 건조한 삶을 살고 있더라.

합리화가 아니라 정말로 잊어버린 것이다. 내가 무얼 좋아했는지, 내게 어떤 열정이 있었는지, 내가 어떤 사람이었는지.

서커스단에서 코끼리를 길들이는 방법은 의외로 간단하다. 새끼일 때부터 말뚝에 뒷다리를 묶어놓는 것이다. 힘이 약한 아기 코끼리는 말뚝 주변을 벗어날 수 없다는 것을 학습한다. 그렇게 자란 코끼리는 충분히 힘센 성체가 되어도 더 이상 말뚝을 벗어날 시도조차 하지 않는다. 심지어는 말뚝을 빼도 자신이 만들어놓은 한계를 벗어나지 못하고 무력하게 살게 된다. 이것을 '학습된 무기력'이라고 한다.

한 살, 두 살, 세 살… 아이가 자라면서 엄마의 말뚝은 점점 약해진다. 아이가 자라면서 집밖에 있는 시간이 늘어나면 더욱이 말뚝의 힘은 소멸한다. 그런데도 엄마들은 자신이 만든 끈으로 가상의 말뚝에 매여 산다. 육아라는 경험은 무척 강렬했고, 그 몇 년간 형성된 습관에 길들여졌기 때문이다.

말뚝을 벗어나는 첫걸음은 이러한 상황을 인지하는 것이다. 그러고는 떠올려본다. 가장 활기찼던 시절의 나를. 그때 나는 무엇을 그리 좋아했던가? 무엇이 나를 웃게 했는가? 남들이 좋대서 따라 하는 거 말고, 순수한 내 마음이 향하는 곳은 어디인가?

예전에 썼던 일기들, 찍었던 사진들을 펼쳐 기억을 더듬어본다. 그때의 자유롭고 쾌활한 내가 조금 낯설지만 나에 대한 감을 되찾으려 노력해 본다. '참, 그랬지, 내가 이런 걸 좋아했었지.' 산책을 좋아하던 나를 위해 예쁜 운동화를 하나 산다. 여행을 좋아하던 나를 위해 오랜만에 주말 여행지를 검색한다. 친구를 좋아하던 나를 위해 멀어진 친구들에게 연락을 돌린다. 배움을 좋아하던 나를 위해 새로 배울 것을 알아본다. 글쓰기를 좋아하던 나를 위해 살며시 펜을 들어본다.

내 몸과도 다시 친해지고 있다. 튼실하게 버텨준 몸 덕분에 아이를 잘 키울 수 있었다. 수고했다, 고맙다 하며 도닥여준다. 스트레칭을 하고 몸을 움직이며 안 쓰던 구석구석의 근육들을 깨운다. 시원하고, 기분 좋다.

이렇게 나는 요즘 소소하게 행복을 느낀다. 나와 내가 친하게 지내는 것, 이것이 행복의 가장 기본이 되는 조건인 것 같다.

적극적
행복 세팅

좋은 에너지를 곁에 두기

　우리가 나무이고, 자라는 환경을 선택할 수 있다고 치자. 우리는 영양이 풍부한 비옥한 땅에 비가 적당하고 해가 따뜻한 환경을 고를 것이다. 해를 가리는 커다란 다른 나무가 있다면 최대한 거리를 둘 것이고, 나뭇잎을 좀먹는 벌레들은 최대한 없애겠지.

　사람의 멘탈 관리도 비슷하더라. 우리를 밝게 만드는 좋은 것들을 곁에 두고, 우리를 시들게 하는 나쁜 것들을 멀리하면 된다. 육아가 힘들다면 약간은 척박한 땅에 심겼다 쳐야 한다. 이때 영양제를 맞는 나무는 보다 잘 자랄 것이다. 바꿀 수 없는 것들은 받아들이고 바꿀 수 있는 것들에 집중하자.

'소확행'이라는 신조어가 있다. 소소하지만 확실한 행복. 이 예쁜 단어를 누가 처음 만들었을까? 나의 소확행을 위해서는 나만의 리스트를 만드는 것이 중요하다. 명상, 달리기, 미라클 모닝 등 다른 사람들에게 큰 힘을 준다고 알려진 것들이 나에게는 별로일 수도 있다. 적극적으로 행복을 찾기 위해 나만의 리스트를 만들어보자. 내 경우에는 이렇다.

■ 산책하기

마음 건강에 운동이 아주 중요하다는데, 나처럼 기운이 떨어진 엄마는 무리하다가 지쳐서 아이에게 화가 갈 수 있다. 그런 경우에는 운동을 하더라도 달리기 대신 걷기로, 플랭크 대신 스트레칭으로 완급을 조절해 줘야 한다.

나는 그냥 산책을 한다. 운동하러 일부러 나가기는 쉽지 않기 때문에 아이를 등원 시키고 바로 공원으로 향하곤 한다. 걸으면서 호흡에 집중하고, 바람에 흔들리는 나뭇잎과 날아가는 새들도 눈에 담고, 사람 구경도 하다 보면 어느새 활력이 생긴다.

■ 음악으로 감성 밥 먹기

아이를 키우다 보면 '감성 밥'을 먹기가 어렵다. 감성적 허기를 느끼는 엄마라면 음악을 가까이하자. 영화와 공연을 보러 다닐 시간을 내기는 쉽지 않지만 음악은 얼마든지 들을 수 있다. 매일 밤 아이를 재우고 난 뒤 이어폰을 끼는 순간은 최고의 힐링 타임이었다. 유튜브에서 뮤직비디오를 찾아서 보며 짧고 굵게 사랑에 빠지기도 하고, 가슴 아픈 이별에 초스피드로 눈물짓기도 한다. 감성 밥을 채우고 나면 마음에 아름다운 필터가 한 겹 씌어진다.

■ **반려동물과 함께하기**

반려동물은 정말 큰 행복을 준다. 혼자는 쓸쓸하고 여럿은 피곤할 때 동물과 함께 하면 딱 좋다. 우리 집에는 개와 고양이와 햄스터가 산다.

이 아이들은 밥만 배불리 먹으면 그저 행복하다. 햇빛 아래서 흠냐흠냐 자다가, 일어나서 자기 꼬리 갖고 놀다가, 또 어슬렁거리다 아무 데나 쓰러져 자는 모습을 보면 인생 뭐 있나, 행복이 뭐 그리 거창한가 싶다.

■ **사람, 사람, 사람**

사회생활에서 만족을 얻던 사람이 전업주부로 집에서만 생활하게 되면 우울감을 느끼기 쉽다. 사회적 고립은 우울증의 주요한 위험 요소라고 한다. 마음 맞는 친구들과의 대화와 웃음은 그 자체로도 삶의 의미라고 할 수 있을 정도로 중요하다.
무의미하고 소모적인 관계 말고 마음을 나누는 친구들과 교류하자. 육아와 코로나19로 직접 만나기 어렵다면 옛친구들과 틈틈이 짧은 통화라도 해보자. '문득 생각나서 전화했어!'라는 말에 반가워하지 않을 친구는 없을 것이다.
또한 요즘은 인터넷에도 다양한 소모임이 많아서 관심사가 통하는 사람들을 쉽게 찾을 수 있다.

■ 친절함 한 스푼 나누기

나는 사람들과의 다정한 교류에서 힘을 많이 얻는 편이다. 누군가의 친절을 받을 때도 좋지만 내가 친절을 베풀 때에도 참 기분이 좋다. 동네 아이의 인사에 친절하게 화답하는 것, 단골가게 사장님에게 안부를 묻는 것, 친구의 생일을 챙기는 것 등의 친절한 행위는 그 누구보다 나에게 도움이 된다.
온라인 커뮤니티에서도 다정함을 나눌 수 있다. 이름도 얼굴도 모르는 누군가를 응원하는 것만으로도 나의 세상이 조금 더 밝아진다. 카페에서 커피를 받을 때 목소리를 한 톤 높여

'감사합니다~!' 하고 밝게 외치는 것부터 시작해 보면 어떨까.

이 외에도 시원한 아이스 라테, 예쁜 그릇, 문구류 쇼핑, 도서관 나들이 등은 언제나 내게 확실한 행복감을 주는 것들이다. 나는 라디오도 즐겨 듣는다. '이런 사람이 곁에 있었으면….' 하는 좋은 사람들을 쉽게 접하며 긍정적 에너지를 얻을 수 있다.

적극적 불행 퇴치

기분 나빠질 것들을 멀리하기

　이번엔 반대로 우리를 좀먹는 요소들을 물리쳐보자. 우울감의 또 다른 이름인 '무기력'한 내 모습이 싫다면 제한된 시간 내에서 몸과 마음이 충분히 쉴 수 있도록 훼방꾼들을 적극적으로 퇴치해야 한다. '확실한 행복'의 반대로 '확실한 불행'의 목록을 작성해 보고, 그중 바꿀 수 없는 것은 받아들이고 바꿀 수 있는 것에는 힘써 변화를 주자. 나의 경우에는 이런 것들이었다.

■ **감당이 안 되는 복잡한 살림**

　살림하는 데는 상당히 많은 에너지가 들어간다. 아이를 낳기

전과 비할 수가 없다. 온종일 거듭거듭 치워도 왜 계속 지저분한지. 보고만 있어도 스트레스다. 가만 보면 우리 삶에 꼭 필요하지 않은 물건들이 아주 많다.

왠지 아까워서 버리지 못한 아기 옷들, 육아에 매진하는 동안 유행이 한참 지난 내 옷들, 읽지도 않는데 자리만 차지하고 있는 전집들, '언젠가 또 갖고 놀지 않을까' 싶어 구석에 처박아둔 연령 지난 장난감들, 부엌 수납장 구석구석에 들어 있는 유통 기한 지난 먹거리들, 몇 년간 신지 않은 신발들, 여분으로 사 뒀으나 쓸 일이 없는 살림살이들….

살림이 복잡해지니 거기로 에너지가 다 새어 나간다. 요새 유행하는 미니멀리즘까지는 아니더라도 습관적으로 '비움'을 실천하면 조금씩 공간이 단출해지는 만큼 마음도 가벼워진다.

■ 귀찮고 사소한 선택들

사소한 선택을 하는 데도 꽤 많은 에너지를 쓴다고 한다. 스티브 잡스, 버락 오바마, 마크 주커버그는 심지어 옷 고르는 데 드는 에너지를 아끼려고 같은 옷을 여러 벌 사서 돌려 입는다고 했다. 아이 엄마의 삶도 만만치 않게 바쁘지 않은가? 나는 한창 우울증이 심해 무기력할 때 이들의 지혜를 모방해 마음에 드는 편한 옷을 색상만 달리 여러 벌 구입하여 돌려 입었다. 어차피 거창한 외출을 할 수 없고 집 앞 슈퍼나 왔다 갔다 하던 시기라 아무 문제 없었다. 기대 이상으로 많은 에너지를 아낄 수 있었기에, 코로나19 시대에 어린아이를 키우는 엄마들에게 추천하고 싶다.

또한 반찬을 해 먹기는커녕 반찬 가게에서 메뉴를 고르는 것조차 귀찮았던 시기에는 '반찬 정기 배달 서비스'를 이용했다. 그날그날 먹을 음식을 알아서 제공해 주므로 '오늘 뭐 먹지?' 하는 하찮고도 피곤한 고민을 하지 않아도 돼서 좋았다.

■ 시간을 활용하지 못한다는 불쾌감

매일 반복해야 하는, 혹은 하고 싶은 것들을 루틴화하면 우왕좌왕 날리는 에너지와 시간이 확실히 줄어든다. '아침에 씻자마자 청소기를 돌린다.'라든지 '설거지는 저녁 식사 후 몰아서 한다.' 등의 루틴을 정해 두면 '이거 해야 하는데, 언제 하지?' 고민하는 스트레스를 줄일 수 있다.

나는 재택근무를 시작하면서 아이 등원과 동시에 산책을 한 뒤 카페에 출근하는 루틴을 만들었다. 카페에서 일할지, 집에서 일할지를 정하는 데도 은근히 많은 에너지가 들기 때문이다.

■ 항상 복잡한 머리와 마음

나도 생각이 많은 엄마라 언제나 머리와 마음이 복잡했다. 앞서 말했듯이, 계속해서 감정과 생각을 비워내야 머리와 마음에 여유를 만들 수 있다.

가장 편한 방법은 일기 휘갈기기였다. 워드 파일에 쏟아내도 좋고, 아무 종이에나 끼적여도 된다. 나는 쉽게 손이 가는 인스타그램의 비공개 계정을 활용했다. 머리와 마음이 꽉 차서 터져버릴 것 같은 가장 힘들 때에 효과가 좋았다.

■ 에너지 뱀파이어

에너지 뱀파이어란 타인의 에너지를 빨아먹어 상대를 지치게 만드는 사람을 말한다. 에너지 뱀파이어가 곁에 있으면 우리는 모르는 사이에 지치고 불안해지고 침체되고 불행해진다. 에너지 뱀파이어에는 자기 뜻대로 모든 걸 통제하려 하는 통제자형(The Controller), 항상 자기가 최고여야 하는 나르시시스트형(The Narcissist), 피해의식에 갇혀 징징대는 피해자형(The Victim), 남의 기분은 생각하지 않고 자기 말만 하는 수다꾼형(The Constant Talker), 과장의 대가인 엄살 대장형(The Drama Queen)이 있다. 혹시 내 주변에 이런 사람이 있다면 거리를 두

자. 거리를 둘 수 없는 사람이라면 의식적으로 그의 얘기를 흘려듣는 것도 한 방법이다.*

■ **에너지 누수의 주범, 트라우마**

트라우마는 가장 큰 에너지 구멍이다. 뉴스에 날 만한 재난을 겪지 않았어도 누구에게나 정서적 트라우마가 생길 수 있다. 아무리 좋은 기운을 불어넣으려 애써도 트라우마 구멍으로 다 빠져나가며, 불안해서 아무것도 할 수가 없다.

이런 상태라면 적극적으로 구멍부터 막아야 한다. 정신과나 상담 센터의 도움을 받기를 적극 추천한다. 트라우마가 있는 나와 없는 나는 천지 차이다.

어느새 나는 잃을 게 참 많은 사람이 돼 있었다. 그중 제일은 아이의 웃음. 모든 근심을 잊게 하는 그 웃음을 지키기 위해서 나는 오늘도 너와 나의 마음속에 행복의 씨앗을 심는다.

---

* 『나는 초민감자입니다』(주디스 올로프 지음, 라이팅하우스)

슬기로운
SNS 생활

득과 실을 파악해 현명하게 활용하자

몇 년간 자유 시간이 없다 보니 손안의 작은 세상에 매료되었다. 외롭고 지루하고 고립된 일상에서 휴대폰은 일종의 구원자처럼 느껴졌다. 손가락만 움직이면 계속해서 보이는 새로운 세상은 육아의 지루함을 잠시나마 잊게 해주었다.

그러나 그러한 날들이 지속되자 나는 '즐겁지 않은데도 강박적으로 폰을 들여다보고 있는' 상태가 되었다. 휴대폰 중독이었다. 현대인에게 너무 익숙해서 경시하기 쉽지만 사실 휴대폰 중독은 정신 건강을 꽤나 흔드는 요소다.

휴대폰 중독도 마약 중독과 기전이 똑같다. 새로운 자극을 접하면 뇌에서 쾌락 호르몬인 도파민이 나오고, 그것이 계속 반복될 수록 우리는 그 대상에 중독된다. 휴대폰에 중독되면 휴대폰을 보지 않을 때 불안과 불쾌감을 느껴서 강박적으로 휴대폰에 의존하게 된다.

휴대폰을 오래 하더라도 상쾌하게 잘 놀았다는 기분이 든다면 무슨 문제겠는가. 하지만 스스로 조절이 안 돼서 기분이 좋지 않다면, 휴대폰을 들여다보느라 제대로 쉬지 못해 늘 피곤하다면, 자꾸 휴대폰을 보느라 일상의 다른 것들에 집중할 수 없다면, 휴대폰 때문에 시간을 너무 많이 낭비한다는 고민이 든다면 중독을 의심해 보아야 한다. 나는 무의미하고 잡다한 것들에 주의가 분산되어 정작 눈 앞의 현실을 살지 못한다는 생각이 들었다. 그런 내 모습을 바꾸고 싶었다.

엄마들이 쉽게 중독되는 분야는 SNS일 것이다. 예쁘고 좋은 것만 올리는 SNS상의 타인과 나를 비교하는 것은 불행으로 가는 지름길이다. 오늘날 우리는 SNS를 통해 수십억 명과 경쟁하며, 내가 무엇을 하든 항상 나보다 더 잘하고 더 멋진 누군가를 보게 된다고 한다.* 매일 조금씩 마음에 불행을 주유하고 있는 꼴이란

---

* 『인스타 브레인』(안데르스 한센 지음, 동양북스)

걸 깨달았다. 우선 별생각 없이 팔로우하던 연예인이나 인플루언서들을 지우고 SNS 사용 시간을 제한하기로 했다.

중독을 벗어나기 위해 처음에는 강제성이 필요했다. 우선 휴대폰 잠금 앱을 활용해 1시간씩 휴대폰을 잠가두고 전화나 카메라, 음악 앱 등은 필요할 때 사용할 수 있게 잠금 예외로 등록해 두었다.

처음에는 무척 답답했지만 곧 적응이 되었고, 두어 달 잠금 앱을 활용하니 중독에서 벗어나는 게 느껴졌다. 힐끗힐끗 휴대폰에 정신을 빼앗기는 일 없이 내가 하고 있는 활동에 온전히 집중할 수 있었다.

공원 한 바퀴를 산책하더라도 내 발걸음과 들숨 날숨을 느끼게 되고, 눈앞의 자연을 만끽하는 진짜 산책을 할 수 있었다. 책을 읽을 때도 마찬가지다. 휴대폰을 잠가두니 비로소 책에 집중할 수 있었다. 수면의 질도 한결 좋아졌다.

가장 큰 수혜자는 아이였다. 원래는 아이와 놀면서도 휴대폰을 보고 싶은 충동을 느꼈고 도파민 방출을 가로막는 아이가 방해꾼처럼 느껴져 짜증이 났었다. 중독에서 벗어난 뒤로는 아이와의 시간이 훨씬 즐거웠고 관계도 깊어졌다. 더 많이 눈 맞추고, 더 많이 웃고, 더 많이 애정을 나눌 수 있게 되었다.

물론 SNS에는 장점도 많다. 휴대폰을 습관적으로 영양가 없이 온종일 만져대면 삶이 피폐해지지만, 주체적으로 활용하면 삶의 만족도가 높아진다.

나도 네이버 카페와 인스타그램의 운영자이며 넷플릭스를 사랑하는 이용자이기도 하다. 중독이 되지 않도록 조심하면 슬기롭게 활용할 수 있다. SNS을 운영하면 누릴 수 있는 이점도 있는데 다음 두 가지를 소개하고 싶다.

첫 번째는 SNS를 통해 '통제감'을 느낄 수 있다는 것이다. 앞서 설명했듯 육아에는 통제감이 턱없이 부족하고, 엄마들은 다른 어디에선가 통제감을 느끼고 싶어 한다. SNS가 좋은 수단이 될 수 있다.

나는 인스타그램을 주로 이용했는데 일상이 아무리 정신없어도 그곳만은 내가 통제할 수 있어서 좋았다. 그곳은 아이가 어지를 수도 없었고 내가 선택한 것들로 채울 수 있었기 때문에 안정감을 주더라.

두 번째는 내가 잘하는 것을 발견할 수 있다는 것이다. 어린 아이를 키우는 보통의 엄마들의 삶은 그럭저럭 비슷하게 흘러간다. 아이를 돌보고, 살림을 하고, 아이에 대한 고민을 한다. SNS에도 이러한 육아 일상을 올리게 되는데, 그중에 유난히 반응이 좋은 분야가 있다면 그것이 나의 강점이자 재능일 수 있다.

내 경우에는 육아 일기가 호응을 얻었다. 누구나 겪는 육아 감정을 공유할 뿐이라 생각했는데 반응이 좋아서 신기했다. 덕분에 감정을 캐치하고 글로 풀어내는 게 나의 강점이란 걸 알게 되었고, 감사하게도 작가라는 새로운 기회까지 주어졌다.

어떤 엄마들은 살림을 좋아하여 집 사진을 올리다가 저절로 살림 인플루언서가 되기도 하고, 어떤 엄마들은 아이의 놀이나 그림책에 관심이 많아 관련 일상을 올리다가 자연스레 그 분야의 전문가가 되기도 한다.

이렇듯 SNS를 슬기롭게 이용한다면 육아 일상에 집중하면서 엄마의 자아도 챙길 수 있는 훌륭한 수단이 될 수 있다. 개인 SNS를 키우는 것이 어렵다면 네이버 카페 등 이미 사람들이 많이 모여 있는 커뮤니티를 활용하는 것도 좋은 방법이다.

무엇도
당연하지 않다

당연하게 느껴지는 것에 감사하자

몸이 많이 망가졌었다. 건강 검진 결과가 엉망이었고 간단한 수술과 함께 조직 검사까지 하게 되었다. 아무리 간단한 수술이라고 해도 무서운 마음이 몰려 왔다. 전신 마취를 앞두고 수술대에 누우니 역시 아이 생각이 머릿속을 가득 채웠다.

'아이가 커가는 게 아쉽다, 아깝다.' 했는데, 그조차 당연치 않은 축복이란 것을 깨달았다. 백세 시대라니까 당연히 백 살까지 살 줄 알았지 뭔가. 문득 '내가 일찍 죽으면 내 아이가 크는 모습을 못 볼 수도 있겠구나.'라는, 약간은 오버스럽지만 무서운 생각이 들면서 너무 평범해서 지루하기까지 한 육아 일상이 무척이

나 감사하게 느껴졌다.

그래, 내 아이가 하루하루, 한 해 한 해 커가는 걸 볼 수 있고, 챙길 수 있고, 놀아줄 수 있고, 만질 수 있고, 사랑할 수 있다는 게 더없는 선물이구나. 날마다 네가 자라는 걸 지켜볼 수 있는, 너와 울고 웃고 비비적대는 하루하루가 축복이구나.

내게 당연한 듯 주어진 그 무엇도 당연하지 않다. 아이를 낳을 수 있었던 것부터 시작해 아이와 지지고 볶으며 함께할 수 있는 기본적 환경이 되는 것, 아이를 매일 안아줄 수 있는 기본적 건강이 받쳐주는 것, 이렇게 육아에 대해 고민할 수 있는 기본적 성찰력이 있는 것, 아이를 사랑할 수 있는 기본적 모성애가 있는 것조차. 이 모든 게, 그 무엇도 당연하지 않다.

'지친다, 힘들다.' 했더니
아이가 금방 커버렸다.
'고맙다, 예쁘다.' 할 것을….

작자 미상의 이 짧은 시가 오래도록 내 마음을 울렸다. 내가 허투로 보낸 오늘은 어제 죽은 이가 그토록 바라던 내일이라던데, 그렇게까지 신파적으로 가지 않더라도 잠시만 거리를 두고 생각해 보면 내게 주어진 아름다운 선물들이 보인다. 깔깔거리는 너의 웃음소리, 꾸릿꾸릿한 너의 냄새, 맞잡은 손의 부드러운 촉감, 재잘대는 너의 목소리… 무엇도 당연하지 않다.

하루하루의 소중함을 일깨워주는 영화 〈어바웃 타임〉에서, 주인공과 그의 아버지는 과거로 시간 여행을 할 수 있는 능력을 갖고 있다. 아버지가 그 능력을 이용해서 마지막으로 돌아가고 싶은 과거는 아주 평범한 일상의 한 때이다.

어린 아들과의 산책 시간. 아버지는 아이와 자주 가던 집 앞 바닷가에 가서 아이와 달리기 시합을 하고, 물수제비를 던진다. 특별한 활동을 하지도, 거창한 이별 의식을 하지도 않는다. 그저 충실히 그 평범한, 당연했던 일상을 즐긴다.

부모라면 누군들 다른 선택을 하겠는가. 나 역시 죽기 전에 단 한 번 시간 여행을 할 수 있다면 주저 없이 어린 자식과의 일상을 택할 것이다. 그때 나는 집이 지저분해도 짜증 나지 않을 것이고, 네가 안아 달라고 떼쓰기도 전에 먼저 너를 들어올려 품에 안을 것이다.

예쁘고 잘났던 20대의 내가 그립지도 않을 것이며, 자아실현에 대한 조급함도 없을 것이다. 대신 너라는 존재에 감탄할 것이다. 그저 함께할 수 있음에 감사하며, 눈앞의 너를 바라보고 온 마음을 줄 것이다. 그 순간의 소중함을 알기에.

내게 기꺼이 와준 천사 같은 너를, 한눈팔지 않고 나를 엄마라 불러주는 너를, 나의 웃음 외에는 다른 걸 바라지도 않는 너를, 당연하다는 듯 내 품에 안기는 너를, 당연하게 여기지 않으리라 다짐한다.

그 무엇도 당연하지 않다.

+ 아이 없으면 하고픈 것들? +

영화 보기, 맛집 가기,
여행 가기, 친구 만나기,
공연 보기

고작 그런 것들.
네가 자라고 나면
지겹고 지겹고 슬프도록
지겹게 할 것들.

그때 꾀꼬리 같은 네 목소리는
동영상 속에만 존재할 테고,
품 안에 쏙 안기는 보들보들 작은 몸은
어색할 정도로 덩치가 커져 있겠지.
하루 종일 엄마, 엄마 부르던 네 마음은
다른 곳을 향하고 있을 테고,
엄마가 세상의 전부인 순수한 네 눈빛을
다시는 볼 수 없을 거야.

지금 내게 주어진 선물이
영원하지 않다는 걸,
찰나의 축복임을 아는 것.

내 삶에 잠깐 머물다 가는
반짝이는 귀한 손님임을 아는 것.

내면 아이, 그 이후 • 222
내가 내 부모를 원망했듯 • 226
그때의 최선이었음을 • 230
당신도 외로웠겠다 • 234
남편과 나는 한 팀 • 240
사람이 온다는 건 • 245

7장
비로소 어른이 되다

나를 정면으로 직시한다는 거…

내면 아이, 그 이후

사람은 누구나 불완전하다. 그래도 괜찮다.

　내면 아이라는 심리적 개념이 급속도로 대중화하면서 약간은 위험성을 갖게 되는 듯도 하다. 과거의 상처를 어설프게 찾아내거나 이후 마무리를 제대로 짓지 못하면 부작용이 생길 수 있기 때문이다. 내면 아이 찾기의 목적은 상처의 치유인데, 오히려 상처를 들쑤시기만 하고 자칫 과거에 대한 원망으로 끝나버리는 불상사가 생길 수도 있다는 뜻이다. 그건 치유가 아니라 더한 고통의 시작일 텐데.

　사람이 슬픔을 받아들일 때 우울과 수용의 단계를 거치게 된다. 때로는 깊은 슬픔에 빠져 수용으로 넘어가지 못하는 경우도 있다. 나도 어린 시절의 상처들을 발견하며 깜짝 놀랐다. '비교적 잘 살아왔다고 생각했는데 내 안에 이런 상처들이 있었다니. 그래서 내가 이랬구나, 저랬구나.' 어린 시절의 내가 너무 불쌍하게 느껴졌다.

그러면서 빠져든 자기 연민은 상당한 달콤함을 맛보게 했다. 나는 피해자, 환경은 가해자라는 위험한 프레임. 마치 영화 속 가련한 여주인공이 된 듯한 느낌이었다. 나중에는 내 인생의 모든 어려움을, 기질적인 요인이나 나의 부족함까지 전부 다 어린 시절의 경험 탓으로 뒤집어씌우게 되었다.

어쩌면 내면 아이를 위로하는 데에 꼭 필요한 과정이었는지도 모른다. 스스로를 충분히, 아주 충분히 위로해야만 묵은 상처가 치유될 수 있으니 말이다.

감정을 억제하기 바빴던 어린 나를 대신해 충분히 울어주고 충분히 화도 내고 충분히 슬퍼해줘야 하는 게 맞다. 그렇지만 그 작업이 끝나고 상처가 치유되었다면, 단단해졌다면 좋은 마무리를 짓도록 하자.

좋은 마무리란 단순한 자기 연민에서 끝나는 것이 아니라 불완전해도 괜찮다는 걸 깨닫는 것이다. 그로 인해 나의 부족함도 끌어안고, 타인의 부족함도 끌어안을 수 있는 것. 내 안에 어린아이가 살 듯, 다른 모든 사람의 마음 안에 있는 어린아이를 볼 수 있는 것. 또한 내 안에 그림자가 있으면 햇빛도 있음을 아는 것. 그것을 찾아내며 사는 것.

내 과거는 불행했을까? 사람은 원래 부정적인 것을 더 잘 기억한다. 육아라는 특수한 환경이 상처를 자극해서 그렇지, 사실 나는 대체로 잘 지냈다.

그동안 나를 아프게 한 사람들이 떠오르는가? 굳이 모두를 용서할 필요는 없다. 다만 모두가 불완전한 존재라는 걸 받아들이자. 그들의 마음속에도 위로가 필요한 내면 아이가 있다는 걸 기억하자.

나 역시 완벽한 양육을 받지 못했다는 것을 깨달았나? 그건 당연한 것이다. 세상에 완벽한 부모는 없다. 지금 내가 그러하듯이 나의 부모님도 부족하지만, 하루하루 최선을 다해 가정을 꾸리셨다. 그리고 나는 그것에 매우 감사하다.

부모님도 내면 아이의 상처가 있다. 그들도 수십 년의 상처를 안고 살며 아등바등 잘 살아보려고 노력하셨음을 안다. 게다가 그 시절 나의 부모님은 자신의 상처를 돌볼 기회조차 없었다.

내면 아이의 존재를 알고 감정에 대해 공부할 수 있는 내가 나의 부모님보다 유리한 시대적 수혜자이다. 이제는 나도 어른이니까 내가 먼저 손 내밀고 포용할 수 있다. 그리고 그것이 내 삶을 더욱 행복하게 할 것이다.

내가 내 부모를
원망했듯

비로소 엄마의 삶이 보인다

난 포도를 싫어하지만 아이와 남편을 위해 포도를 자주 산다. 엄마이자 아내로서의 당연한 일상. "우리 엄마도 나를 이렇게 키웠겠지?" 이 진부한 말이 이제야 내게 스며든다. 오늘은 찌개를 끓이며 왠지 엄마 생각이 났다.

유난히 섬세한 나의 기질을 이해하지 못한다고, 나와 감수성의 크기가 맞지 않다고, 나의 환상 속 완벽한 엄마상과 다르다고, 나는 늘 엄마에게 서운해했다. 이젠 안다. 엄마는 엄마의 방식으로 항상 날 사랑했고, 엄마가 아는 최선의 것을 내게 주었다는 것을. 그저 나와 사랑의 색깔이 달랐을 뿐이라는 것을.

이삼십 년을 변함없이 매일 밥을 차려주고 방을 치워주고 성질머리를 받아주고 철부지 딸의 잘난 척과 뾰족한 말들을 받아냈던 우리 엄마.

아무 공 없는 그 많은 역할을 해내며 동시에 본인의 삶까지 살아내며 하루하루 마음을 지키느라 안간힘을 썼을 텐데, 부족하다는 듯한 자식들의 눈빛에 얼마나 많은 설움을 삼켜야 했을까. 그 외롭고 억울하고 막막한 감정들을 혼자서 감당하기 얼마나 어려웠을까.

엄마도 나처럼 어쩌다 보니 엄마가 됐을 텐데, 하루하루 살다 보니 세월이 흘렀을 텐데. 자식으로서 당연하게 생각했던 엄마의 일상이 얼마나 고단했을지, 그 위대한 역할을 얼마나 잘 버텨냈는지 새삼 와닿아 존경스런 마음이 차오른다.

아이를 키우다 보면 내 부모님의 마음을 이해하게 된다고 하던데, 아이를 낳은 첫해에 나는 오히려 반대의 마음이 생기기도 했었다.

'아기라는 존재는 이토록 견딜 수 없이 사랑스러운데, 왜 내가 내 아이를 사랑하는 만큼 엄마는 날 격하게 사랑해 주지 않았지? 왜 나처럼 수천 번 뽀뽀하고 수만 번 안아주지 않았어? 왜 난 엄마에게 사랑한단 말을 들은 기억이 없지? 어쩜 그럴 수 있어!'

하지만 한 해 한 해가 지날수록 깨닫는다. 난 아직 겪어보지 못했던 것이다. 그 오랜 인고의 세월을, 그 격동의 관계를, 그 깊디깊은 감정의 소용돌이를.

나는 엄마가 된 지 고작 몇 년이다. 그것도 평생의 효도를 다 한다는 어린 시절의 육아 단계를 거치고 있다. 그런데도 벌써 인생에서 가장 위대한 성장기를 겪었다며 '난리 블루스'를 친다.

유아기만 해도 영아기와 다르다. 더 묵직해진 책임감, 조금씩 어려워지는 아이와의 관계, 추스르기 힘든 다양한 감정 그리고 슬슬 시작되는 현실적인 고민들.

벌써 이런데, 질풍의 십대 때는 어떨 것이며, 노도의 이십대 때는 어떻게 해야 할지 상상도 할 수 없다. 그때의 난 지금의 환상만큼 아이와 사이가 좋은, 끝내주게 다정하고도 쿨한 엄마는 아닐 것이다.

십 년 뒤의 나는, 우리 엄마가 그랬던 것처럼 묵묵히 아이의 뒷모습을 지켜봐줄 수 있을까. 목구멍까지 지적의 말들을 누르며 아이를 믿어줄 수 있을까. 숱한 감정을 삭이며 "밥 먹어~."란 말로 대신할 수 있을까.

어릴 적부터 예민했던 나, 아마도 기르기 쉬운 아이는 아니었을 것이다. 마음을 채워주기 어려운, 복잡하고 어딘가 어려운 아이였을 것이다. 자기 자식이지만 편하지 않았을 것 같다.

"나도 엄마가 되어보니…."라는 알량한 나의 말이, 엄마로 산 세월이 인생의 절반을 훌쩍 넘은 우리 엄마에겐 얼마나 우스웠을지. 여전히 철없는 딸의 잘난 척에도 엄마는 그저 멋쩍은 미소로 많은 말을 삼켰을 것이다.

나는 요즘에야 친정 엄마와 마음이 가까워진 느낌이다. 엄마로서 경험하는 내 감정을 들여다보며 가능해졌다. 가끔 일부러 엄마에게 전화를 걸어 묻곤 한다. "엄마는 이럴 때 어땠어? 어떻게 했어?"라고 말하며 엄마의 입을 연다.

엄마도 못다 한 이야기를 할 수 있기를, 시간이 흐를수록 서로를 더 깊이 이해하고 더 많이 사랑하게 되기를. 고운 우리 엄마, 오래도록 건강히 내 곁에 있기를.

배은망덕한 나처럼 훗날 언젠가 내 아들도 분명 내게 원망을 느낄 것이다. 아이와 나는 다르고, 내가 아무리 애써도 분명 관점이나 의견이 엇갈리는 부분이 있을 것이다. 그때 그 먹먹한 마음을 담담히 이겨낼 수 있도록 지금부터 마음 준비를 해야겠다. 운이 좋으면 더 시간이 지나 다시 내 마음을 알아주겠지. 안 알아준다고 한들 어떡하리. 나는 눈앞의 너를 충실히 사랑할 뿐이다.

이제야 우직하게 혼자 버텼을
부모님의 마음이 보이기 시작한다.

그때의 최선이었음을

나 역시 최선의 사랑을 받았다

 낯설다. 손주에게 껌뻑 죽는 나의 호랑이 아빠. 나도 어릴 때 아빠와 저렇게 깔깔거리며 놀았을까? 하여튼 내가 기억하는 시절부터는 우리 아빠는 무서운 아빠였다. 왜 그렇게 엄하게 대해야 하는지, 나로서는 도저히 이해할 수 없었다.

 어쩌면 아빠는 자식을 엄하게 키우는 게 미덕이라 배워 애써 다정함을 감추고 권위를 지키려 노력했던 건 아닐까? 이제 부모가 된 우리 세대들이 현재의 육아 트렌드에 맞게 욱하는 마음을 누르고 친절하게 대하려 애쓰는 것처럼, 그 시대 아빠들은 힘겹게 부드러움을 감추고 우뚝 선 소나무처럼 우직하려 애썼을지도 모르겠다. 그게 아이를 위하는 것이라 생각했으리라.

아빠도 불안했던 거구나. 험한 세상에서 자식들이 살아남게 하려 택한 방어 기제가 엄격함이었구나. 그렇구나, 이제 알겠다. 가정의 규칙을 어떤 상황에서도 지켜야 했던 매서움이 나를 지키려는 아빠의 피땀 어린 노력이었음을, 가끔씩 술에 취해 과자를 한아름 사 들고 와 말없이 건네주던 행동이 "사랑한다, 우리 딸."이란 말을 대신 전하는 것이었음을.

반면 내 남편은 참 다정한 아빠다. 자식이라면 껌뻑 죽고 뭐든지 다 해주고 싶어 하는, 부드럽다 못해 물렁한 아빠다. 그런 남편과 아이의 관계를 보며 부럽다고 느낄 때가 많았다. 저렇게 다정한 아빠가 있는 건 어떤 느낌일까? 얼마나 좋을까?

그렇지만 또 모를 일이다. 내 아이가 자라서는 '왜 좀 더 단단히 나를 푸시하지 않았느냐!'며 역정을 부릴지도. 나를 비롯해 자식들이 보통 그렇지 않나? 은혜와 수혜는 잊고 아쉬운 점만 생각하며, 잘된 건 자기 덕이고 잘못된 건 부모 탓으로 돌리기 일쑤다.

초보 부모라면 누구에게나 육아는 미지의 세계처럼 낯설고 불안하다. 그저 자기가 아는 방법으로 최선을 다하는 것일 뿐이다. 최선을 다하고도 욕을 먹고, 많은 것을 주고도 주지 못한 것으로 원망을 산다. 하지만 그런 억울한 상황과 맞닥뜨려도 그 원인을 자식이 아닌 자신에게 돌린다. 자식이 원하는 것을 완벽히 알지 못한 자신의 잘못이라 생각한다. 부모 마음이란 그런 것이다.

위풍당당하던 우리 아빠가 언제 저렇게 왜소해졌을까? 머리는 언제 저렇게 희끗해졌을까? 사춘기를 지나 점점 뾰족하고 어려워지는 딸을 보며, 너무 멀어져버린 관계에 어디서부터 어떻게 손대야 하는지도 몰라 그냥 우직하게 홀로 늙어가고 있었을 테지. 가장의 책임을 충실히 한 아빠에게, 나는 뭐 하나 트집을 잡아내어 그것만을 붙잡고 있었던 것 같다.

문득, 어린 시절의 아빠를 만나 그 아이를 안아주고 싶다는 생각이 든다. 정서적 돌봄은커녕 엄하게 혼나고 매 맞고 자라는 게 당연하던 그 시절의 외롭고 두렵고 억울했을 어린 아빠를 안아주고 싶다. 아빠 마음속 깊은 곳에 지금도 그 아이가 살고 있겠지.

이제 내 앞에서 맘껏 연약해도 돼요, 아빠.
아빠도 가슴속에 쌓인 이야기가 많을 텐데
내가 들어주고 싶어요.
아빠, 나는 아빠를 너무 사랑해.
우리가 가장 멀어져 있을 때도 나는 아빠를 사랑했어.

당신도
외로웠겠다

이제야 남편의 힘듦이 보인다

한때 나를 많이 설레게 한 사람. 사랑에 빠지는 건 쉽다. 하지만 눈 맞추고 대화 나눌 여유도 없이 서로의 밑바닥까지 마주한 채 대충 앙금을 덮고 지내며, 그렇게 정신없이 아이를 키우면서 '사랑 나부랭이'를 유지한다는 것은 보통 일이 아니더라.

서로를 사랑에 빠지게 했던 점들이 나중에는 서로를 아프게 했다. 부모가 되기 전엔 그의 유한 모습이 좋았는데 부모가 되고 나니 그 모습이 어찌나 우유부단해 보이던지…. 부모가 되기 전엔 그의 조심스런 모습이 좋았는데 부모가 되고 나니 그 모습이 답답하게 느껴졌다.

무엇이 변한 걸까? 변한 건 나의 시선이었다. 그냥 '나의 짝꿍'이 아닌 '내 아이의 아빠'라고 생각하니 이상이 높아졌다. 내 짝은 결점이 있어도 괜찮잖지만 내 아이의 아빠에게는 완벽을 바라고 있었다. 어설프고 불완전했던 모습 그대로 서로를 사랑했는데 점점 마음에 안 들고 거슬리는 게 많아졌다.

남편 역시 마찬가지였을 것이다. 부모가 되기 전 그가 사랑한 나의 세심함은, 그가 사랑한 나의 감수성은 부모가 된 후에는 날카로운 예민함이 되어 그를 옥죄었고, 현실 속에서 그를 지치게 했을 것이다.

물론 서로를 보는 시각의 문제 말고도 육아의 현실 속에서 나도 남편도 실제로 변한 점도 있다. 내 의견을 늘 존중해 주던 남편은 더이상 내 감정에 귀 기울여줄 여유가 없었고 걸핏하면 딴지를 걸어 왔다. 어쩌겠는가, 아이를 키우며 여유가 없어지는 건 당연지사. 이 정도 변하는 건 변한 것도 아니다.

그렇게 따지면 나는 사기 결혼 수준이다. 연애 시절에 남편을 녹이던 애교는 온데간데없어지고 선도부 선생님처럼 쏘아대는 말투로 변해 버렸다. 예쁘고 싱그럽던 외모도 배신을 때렸다. 계약 위반은 내 쪽이 먼저였고, 내가 더 심했다.

그러한 날들을 보내며 쌓여가는 불만과 식어가는 애정을 붙잡으려 우리는 가끔 거짓으로 웃고 애써 대화를 이어가곤 했다. 육아의 현장에서 서로를 배려하는 것만으로도 많은 에너지가 필요했기에 싸울 힘도 없어 서운한 감정을 덮고 덮다 보니 어느새 무덤덤해졌다. 한창 힘들었던 몇 년간 우리는 아무런 감정 교류도 할 수 없었다. 한 명은 지쳐서 틈만 나면 혼자 있고 싶어 했고, 다른 한 명은 늘 홀로 남아 외로워했다.

'우리도 별수 없구나. 남들처럼 이렇게 오래된 부부가 되어가나 보다. 받아들이자, 슬플 일이 아니다. 괜찮다, 누구의 잘못도 아니다.' 숱한 생각으로 답답한 마음을 억눌렀다. 투쟁하는 건 철부지, 받아들이는 것이 성숙한 자세라 생각했다. 활활 타던 뜨거운 불이 뭉근한 모닥불을 지나 최소한의 온기만 남아 있는 숯이 되었다.

그렇게 한동안 우리는 아슬아슬 줄타기 하듯 겨우겨우 실낱같은 애정을 이어왔다. 너무나 슬픈 일이더라. 세상의 전부였던 사람과 그렇게 마음이 멀어지는 것이.

솔직히 기대도 하지 않았다. 다시 남편을 보며 설렐 거라곤, 다시 남편 앞에서 어린 소녀가 될 거라곤, 시간이 지나 다시 이렇게 눈만 마주쳐도 웃음꽃이 피는 사이가 되리라곤 상상도 하지 못했다. '맞다, 이랬었지, 원래 이렇게 즐거웠었지. 우리 이렇게

말이 잘 통했었지. 내가 당신을 이런 눈으로 바라봤었지.'

아이가 자라면서 우리에게 숨 돌릴 틈이 생겼고 그때서야 비로소 서로의 지친 눈이, 바빴던 손발이, 외로웠던 마음이 보였다. 파도가 지나간 자리, 정신을 차리고 보니 나만큼 만신창이가 되었던 남편의 마음이 보인다. 내가 여기서 힘든 동안 저기서 힘들었던 남편의 인생이 보인다.

우리는 숨 돌릴 틈 없는 하루하루가 너무 힘겨워서, 귀한 아이의 부모가 된 막중한 책임감이 너무 버거워서, 각자의 힘듦에 압도되어 상대의 힘듦을 볼 수 없었던 것이다. 내가 힘들었던 만큼 당신도 힘들었 고, 내가 노력했던 만큼 당신도 노력했고, 내가 울었던 만큼 당신도 울었겠구나.

사람이 변한 게 아니었다. 상황이 변했을 뿐이지. 결혼을 결심하게 했던, 평생 함께하고 싶을 만큼 사랑했던 그때 그 사람, 여전히 내 앞에 있다. 꽤나 지쳐서 내 얘기를 들어주지 못할 뿐, 꽤나 힘들어서 다정한 말투를 잠시 잃었을 뿐. 우리에겐 여유가 없었을 뿐 애정의 문제가 아니었다.

미움이 아니라 애틋함이었다. 엄마로서, 아빠로서 충실히 살아온 몇 년간의 시간. 한동안 '우리'가 없었던 우리. 다시 이어갈 수 있어 다행이다. 우리가 여전히 서로에게 가장 소중한 존재임에 감사하다.

사랑해 이 길 함께 가는 그대,
굳이 고된 나를 택한 그대여
가끔 바람이 불 때만 저 먼 풍경을 바라봐
올라온 만큼 아름다운 우리 길

- 「오르막길」 (정인)

 아직 갈 길이 멀다. 연구에 따르면 결혼 만족도는 출산과 함께 떨어지기 시작해 아이가 성인이 되어 독립할 때쯤 올라간다고 한다.* 우리는 여전히 '내 말이 맞네, 네 말이 맞네', '내가 더 힘드네, 네가 더 힘드네.' 따지고 다툰다. 내 마음을 왜 이해 못 하냐며 분통이 터져 가슴을 치는 일은 앞으로도 많을 것이다.
 그러나 기억하자, 지금은 우리 함께 헉헉대며 오르막길을 오르는 시기임을. 땀이 비오듯 흐르고 근육이 터질 듯 아프면 누군가 살짝 건드리기만 해도 짜증이 폭발한다. 말만 걸어도 화가 난다. 차라리 혼자 가고 싶을 만도 하다. 그럼에도 우리는 힐끗 힐끗 서로를 챙긴다. 숨을 고르느라 대화가 끊길 때도 있고, 때로

---

* 『엄마의 화코칭』(김지혜 지음, 카시오페아)

는 속도가 달라 따로 걷기도 하지만, 그럼에도 우리는 함께한다.

아이가 우리 부부의 품을 떠나 홀로서기를 하는 그날, 우리는 아이의 뒷모습을 흐뭇하게 바라보며 손을 맞잡을 것이다. 그때서야 서로의 주름진 눈을 그윽하게 바라볼 수 있을 것이다.

'당신, 수고 많았어.'라는 눈빛에, 조금은 눈물을 글썽일지도 모르겠다. 그리고 우린 인생의 내리막길을 천천히 함께 걸어내려올 것이다. 더욱더 진하고 깊어진 사이로 그렇게 함께.

고생 많아, 여보. 고마워요.

나는 예민한 엄마입니다

남편과 나는
한 팀

우리는 적이 아닌 한 팀이다

뜻깊은 일이 생겼다. 출판사로부터 출간 제의 전화가 온 것이다. 소식을 들은 남편도 진심으로 기뻐하며 축하해 줬다. 그런데 이게 웬 우연인지, 그날은 남편이 이직 제의를 받은 회사에 방문하기로 한 날이었다. 남편이 출발하기까지 1시간 정도 시간이 남아있었다. 나는 딱 30분만 남편에게 아이를 맡기고 컴퓨터 앞에 앉고 싶었다. 하지만 남편의 얼굴을 본 순간 그 말이 나오지 않았다. 새로운 시작을 앞두고 초조해 보였기 때문이다.

나는 목구멍까지 올라왔던 말을 삼키고 남편에게 응원을 건넸다. 남편은 조금 일찍 나서서 산책을 하다가 출발하겠다고 했다. "우리 남편 잘하고 와!" 나는 남편에게 파이팅을 외친 뒤 다시 주저앉아 아이와의 보드게임을 이어나갔다.

하마터면 울적할 뻔했으나 그러지 않기로 했다. 부모로 산다는 건 그런 소모적인 감상에 젖을 여유가 없다는 뜻이다. 어쩌겠는가, 우리 앞에 아이가 반짝이고 있는데. 남편과 나는 대립 구도가 아닌 한 팀이다. 문제가 생겼을 때 '남편 vs 나'가 아닌 '우리 vs 문제'라는 관점을 취해야 한다. 우린 지금 아이를 키우는 어마어마한 프로젝트를 함께하고 있다.

우리 집에서 육아의 주책임자가 나라면, 가정 경제의 주책임자는 남편이고, 남편이 육아에 있어 나를 믿어주고 밀어주듯 나 역시 바깥일에 있어 남편을 믿어주고 밀어준다. 우리는 각자의 자리에서 최선을 다해야 한다. 소중한 한 생명을 키워낸다는 것은 녹록지 않은 일이기 때문이다.

나는 일과 육아 사이에서 육아를 택했다. 어쩔 수 없는 여자의 불리함이라고는 생각하지 않는다. 아무래도 여자가 보다 어려운 위치에 있는 것은 맞지만, 적어도 내게는 주체적인 결정이었다.

남편과 나의 성격 및 상황을 비교했을 때 그게 합리적이었기 때문이다. 무엇보다 나는 아이를 내 손으로 키우고 싶었고, 아이를 키우는 시간은 내게 포기할 수 없는 행복이었기에 과거로 돌아가더라도 같은 결정을 할 것이다.

  흔히들 말하는 대로 내가 남편에게 사회생활을 양보한 것도 맞지만, 남편도 나를 위해 가정생활을 양보해 줬다. 나 대신 일해 주는 남편에게 고마울 정도로, 아이의 순간순간을 놓치기 싫은 욕심이 일하고 싶은 마음보다 훨씬 컸다.

  남편은 열심히 일해 아이에게 경제적 기반을 마련해 주고 싶다고 말한다. 고정 수익을 갖고 시작하면 무슨 일을 하든 훨씬 편할 거라며. 사실 그런 말을 들으면 답답했다. '자기 힘으로 뭐든 해낼 수 있도록 강하게 키워야지. 무슨 말이람!'

  그러나 이젠 그 고된 마음을 이해한다. 나도 아이가 어느 정도 자란 뒤 다시 생활 전선에 뛰어드니 돈 버는 게 얼마나 힘든 일인지 기억났다.

  가정 경제를 책임지고 처자식 보살피며 나이 들어가는 가장의 어깨가 얼마나 무거울까. 서울 신촌 거리를 손잡고 누비던, 노래방에서 목이 터져라 열창하던 열혈 청년의 모습이 눈에 선한데….

  남편은 언젠가 우리 아들도 가장이 되어 고스란히 그 부담을 물려받을 거라 생각하면 마음이 아프다고 했다. 그만큼 아등바등 애쓰고 있구나, 내 남편.

지난밤에 남편이 마시고 치우지 않은 맥주 캔을 보면 화가 나는 게 사실이지만, 그 옆에 놓인 영양제 껍데기를 보면 마음이 아프다. 그래, 미우나 고우나 우리는 한 팀이다. 눈을 들어 힘껏 고마움을 표현해 본다. 부부가 한 팀이 되지 못하면 안 그래도 힘든 육아를 어떻게 버티겠는가.

우리는 톱니바퀴처럼 조화를 맞추며 살고 있다. 가끔 삐걱거릴 땐 기름칠도 해주며, 그렇게.

남편과 나는 대립 구도가 아닌 한 팀이다.
같은 곳을 바라보는…

사람이
온다는 건

남편과 더 깊은 사이로 거듭나다

정현종 님의 「방문객」이라는 시에 이런 표현이 나온다. 사람이 온다는 건 한 사람의 일생이 오는 일이라고. 그의 과거와 현재와 미래가 함께 오는 거라고.

사실 부부 싸움은 아내와 남편의 싸움이 아닌 내면의 아이들끼리 싸움을 벌이는 거라 한다.* 내면 아이는 어린 시절에 당한 슬픔을 다시 겪지 않으려 애쓰고 동시에 충분히 누리지 못한 기쁨을 갈망하며, 의식의 밑바닥에서 계속해서 영향력을 발휘한다. 정서적 아

---

*『내 안의 그림자 아이』(슈테파니 슈탈 지음, 쌤앤파커스)

킬레스건이 되는 것이다. 도무지 이해할 수 없는 이유로 상대방이 화를 낸다면 내면 아이의 외침에 귀 기울여보는 것이 도움이 된다.

"고맙단 말도 안 해?" 그의 마음속에 남아 있는 어린아이는 인정을 갈구했다. 자신의 노력을 알아달라는 인정 욕구를 세심히 채워줄 때에 남편이 만족한다는 사실을 알게 되었다.

"자기는 날 이해 못 해!" 내 마음속에 남아 있는 어린아이는 이해를 갈망했다. 남편은 이를 파악한 뒤 나의 이해 욕구에 초점을 맞춰줄 수 있었다. 내면 아이를 들여다보면 서로가 가장 원하는 것, 가장 듣고 싶은 말을 파악할 수 있다. 그러면 관계가 훨씬 수월하게 풀린다.

우리는 어린 시절에 느꼈던 모든 부족함을 배우자에게서 받기를 기대한다. 부부가 서로의 결핍을 채워줄 수 있다면 함께 성장할 수 있다고 한다. 부부는 상황에 따라 유연하게 역할에 변화를 줄 수 있어야 건강한 관계라고 한다.

한쪽이 어린아이가 되어 사랑받고 인정받기 원할 때에 배우자가 건강한 어른이 되어 받아줄 수 있어야 하고, 반대로 다른 쪽의 내면 아이가 드러날 때면 상대방이 건강한 어른이 되어 결핍을 채워줘야 한다.

우리는 아이에게 좋은 부모가 되고 싶었기에 서로의 상처를 보듬으려 노력했다. 우리 둘만의 일이었다면 덜 애썼을 텐데, 아이의 행복과 직결되어 있다 생각하니 자존심이고 뭐고 다 버릴 수 있었다. 서로 딱 간지러운 곳을 긁어주기, 딱 아픈 곳을 보듬어주기. 이런 경험들이 쌓이면서 저절로 안정감이 따라왔다. 서로에게 측은지심이 생겼고, 이후 불필요한 수많은 싸움을 줄일 수 있었다.

눈 깜짝할 사이에 정신없이 세월이 흐르고, 그 사이 아이가 자란 만큼 우리도 자라 있었다. 기를 쓰고 높은 산을 넘고 깊은 바다를 함께 건넌 우리에게는 이전과 비교할 수 없는 유대감이 생겼다. 서로의 마음을 참 잘 알고, 성숙하게 대처할 수 있는 사이가 되었다. 추억 속의 꽃미남보다 배 나온 아저씨가 된 지금의 남편이 더 멋져 보이는 건 느지막이 내 눈에 콩깍지가 씐 탓일까?

"Without someone to share them with, tell me what does it mean?"

"함께 나눌 사람이 없다면 이 모든 게 무슨 소용이에요?"

휘트니 휴스턴의 노래 「Run to you」의 가사다. 우리는 자식이라는 가장 귀한 보물을 함께 나누고 있다. 갓난아이가 어린이가 되는 모습을 보았고, 이제 어린아이가 청년이 되는 모습을 또 함께 지켜보겠지.

그 아이가 우리에게서 독립하고 서서히 우리에게서 멀어져도, 우리끼리는 그 모든 세월을 가슴에 품고 매일 꺼내어 보며 살겠지. 그것만으로도 당신은 나에게 더없이 소중한 사람이야.

✢ 너의 작은 나날들 ✢

어릴 적 사진을 보면 느껴진다.
얼마나 훌쩍 자랐는지.
정신없이 살다 보니 어느새 말이다.

이조차 머지않은 미래에
'쪼꼬미'로 기억될 뭉클한 추억임을 안다.
곧 잠밥 놀이 따위의 낭만적인 고민이 아닌
성교육이나 성적 고민 같은
현실의 세계에 들어서겠지.

흘러가는 시간을 붙잡을 순 없고
오늘은 필연적으로 과거의 추억이 된다.

그러니 오늘의 너를 바라보자.
오늘 내 앞에서 춤추는 너
오늘 내게 안기는 너
오늘 내게 놀자는 너
오늘 내 앞에서 깔깔 웃는 너

한 번 더 안아주는 하루가 되길
열 번 더 사랑한다 말해 주는 하루가 되길
언젠가 손 내밀기도 어려운 날이 올 테니까.

더 좋은 사람이 되고 싶어져 • 252
그저 삶으로써 보여주기 • 257
육아, 더 깊어지는 시간 • 262
나답게 나아가기 • 266
굿 이너프 라이프 • 271

8장

육아는 나를 찾는 시간이었다

너를 위해 더 해주는 사람이 되고 싶어.

더 좋은 사람이 되고 싶어져

아이가 나를 키운다

육아는 엄마를 성장시킨다. 다른 무엇보다 내적 동기를 이끌어내기 때문이다. 사랑하는 아이를 키우다 보면 '아, 나 정말, 좋은 사람이 되고 싶다.'는 마음이 생긴다.

이 동기는 굉장히 강력하여 평생 못 하던 일들을 가능케 한다. 덮어뒀던 내 단점도 꺼내어 다듬고, 외면했던 내 약점도 딛고 일어서고, 비실했던 내 장점을 견고히 하고 싶고, 미약했던 내 강점을 빛내고 싶어진다.

"You make me wanna be a better man."

"당신을 위해 더 좋은 사람이 되고 싶어져."

영화 「이보다 더 좋을 순 없다」의 명대사이다. 최고의 사랑 고백이라 칭송되는 이 멘트는 엄마들이 느끼는 마음과 같다. 네게 떳떳하게 인생을 가르쳐줄 수 있는, 네가 닮아도 될 만큼 정말 좋은 사람이 되고 싶어서. 그래서 엄마들은 끊임없이 생각하고 성찰하고 실행하고 수양한다. 엄마들은 성장한다.

사람에 대한 이해도가 높아졌다. 날것 그대로의 기질대로 사는 아이를 보며 사람마다 타고난 성격의 틀이 다르다는 걸 알게 된다. 모든 사람은 다르며, 그 차이를 옳다 그르다 말할 수 없다는 사실을 깨닫는다. 도저히 이해할 수 없던 누군가의 행동에 대해서도 '그럴 만한 이유가 있겠지.'라고 생각할 수 있게 된다.

타인을 바라보는 눈이 달라졌다. 저 사람도 누군가의 소중한 자식이겠지, 저 사람도 누군가의 치열한 부모일 텐데 하는 생각에 이해의 폭이 넓어졌다. 젊은이들은 다 내 자식 같고, 또래들에겐 동지애를 느끼고, 어르신들에게는 존경심을 느낀다. '모두가 이 커다란 사이클의 일원이구나.' 동물을 바라보는 눈까지 달라

졌다. 동물이 자식을 낳아 본능적으로 돌보는 모습이 경이롭다. '너희들도 참 소중한 생명이구나.'

인류애가 생겼다. 나 혼자 잘 산다고 되는 것이 아님을, 내 아이가 살아갈 세상이 좋은 세상이려면 다 같이 잘 살고 다 같이 행복해야 함을 알게 되었다. 내 또래의 세대가 잘 살아야 내 아이가 좋은 어른들을 만날 수 있고, 아이 또래의 세대가 잘 자라야 내 아이가 좋은 친구들을 사귀며 살아갈 수 있으니까. 내게 넘치게 주어진 것이 있다면 남들과 나눠야 한다는 걸 배웠다. 그게 물질이든 지식이든 마음이든 간에. 세상 사람들 모두가 연결된 하나의 큰 공동체처럼 느껴진다.

환경에도 관심이 생겼다. '빌려 쓰는 지구'라는 말을 들었을 때 자연에게 빌려 쓰는 정도로만 생각했는데, '내 아이에게 빌려 쓰는 지구'라고 이해하고 나니 정신이 확 들었다. 내 아이가 살아갈 수십 년의 세상, 또 그 후대의 수백 년, 수천 년까지 고려하게 된다.

과연 내가 엄마가 되지 않았더라면 이런 걸 생각이나 했을까? 이런 일에는 관심도 두지 않은 채 좁고 물질적인 세계에 갇혀 살

앉을 것 같다. 아이를 키우며 배운 것이 너무 많다.

점점 더 좋은 사람이 되고 싶어진다. 지켜보는 눈이 있으니까. 아이는 나를 매일 관찰하고 나를 통해 배운다. 내가 아이에게 물려줘야 할 것은 결국 라이프스타일이다. 나의 생활 양식을, 나의 마인드를, 나의 나다움을 아이는 배울 것이다.

나는 내 빛깔대로 내가 할 수 있는 일을 하며 세상을 좀 더 아름다운 곳으로 만드는 데 보탬이 되고 싶다. 욕심내지 않고, 내가 할 수 있는 일만큼만.

그저 삶으로써 보여주기

좋은 사람, 좋은 엄마

아이를 키우며 깨달은 중요한 사실은 육아가 아이와 부모 사이의 '인간관계'라는 것이다. 인간관계 기술이 부모와 자식 간에도 적용되고, 특히 남편과 관계 맺는 방식이 아이에게도 그대로 반영되는 것을 느꼈다.

'다른 사람들과도 성숙한 관계를 맺을 수 있어야 하고, 남편과의 문제도 지혜롭게 풀어낼 줄 알아야 내 아이와도 멋진 관계를 만들 수 있겠구나.' 이것은 외면하고 싶을 만큼 무거운 깨달음이었다.

사람과 사람이 만나 관계를 쌓는다는 건 누가 대신 이뤄줄 수 없는 일이다. 남의 조언과 경험을 참고할 순 있겠지만 결국 두 사람이 시행착오를 겪으며 바닥부터 쌓아나가야 한다. 육아서를 읽고 육아 강의를 들으며 올바른 관계에 대해 배우더라도 결국 그 관계를 만들어가는 것은 나와 아이이다.

만약 갈수록 육아가 힘들어진다면 다른 모든 것을 내려놓고 나와 아이의 '관계'가 어떤지에 집중해 보는 것이 좋다. 관계가 틀어져 있다고 느껴진다면 일단 좋은 관계를 만드는 데에 집중해 보자.

어떤 엄마가 좋은 엄마이며, 어떤 관계가 좋은 관계일까. 신기하게도 아이를 키우며 엄마로서의 내 모습을 돌아볼 때 연애에 관한 명언들이 떠오르곤 했다. 연애와 육아 모두 기술이 아닌 관계라는 공통점이 있어서 그런가 보다. 연애 명언들에서 육아의 지혜를 배웠다.

연애 명언 속 육아 지혜 1 "나를 나답게 하는 사람을 만나라."

나를 숨기고 포장해야 하는 상대와는 관계가 깊어지는 데에 한계가 있다. 내 모습을 있는 그대로 인정하고 사랑하는 사람 앞에서 비로소 나다운 행복을 누릴 수 있다.

육아도 마찬가지다. 아이도 타고난 모습 그대로 존중받고 사랑받아야 행복하다. 엄마가 자기 기질을 바꾸려고 한다는 걸 알면, 아니 못마땅하게 여긴다는 것을 눈치만 채도 아이는 그때부터 주눅이 든다. 어느샌가 엄마가 불편해지고 마음이 멀어진다.

사람은 기질대로 살 때에 행복하다고 한다. 자기 자신을 있는 그대로 사랑하는 것, 행복한 인생의 첫 단추를 잘 끼워주는 것이 중요하다.

연애 명언 속 육아 지혜 2 "존경할 수 있는 사람을 만나라."

사실 나에게 다 맞춰주는 남자는 매력 없다. 처음엔 편하고 좋을지라도 결과적으로 존경하는 마음이 들지 않는다. 관계가 깊어지고 오래가려면 콩깍지가 벗겨진 이후에도 곁에 두고 싶은 사람이 되어야 한다. 좋은 자극이 되는 이로운 사람이어야 한다.

육아도 마찬가지다. "모든 부모는 아이의 인플루언서"라는 말이 있다.* 아이를 잘 키우는 것, 실은 간단하다. 그저 삶으로써 보여주면 된다. 짜증 내지 말라고 혼낼 필요 없다.

부모가 감정을 잘 조절하는 모습을 계속해서 보여주면 아이는 저절로 보고 배운다. 게으름 피우지 말라고 잔소리할 필요 없다. 부모가 부지런하면 그 모습이 아이 머리에 각인된다. 물론

---

* 유튜브 〈세바시: 세상을 바꾸는 시간 15〉〈황태환 강연 중〉

무척 어려운 일이다. 수도 없이 나란 인간의 밑바닥을 마주한다. 그래도 계속 노력하게 되더라, 엄마니까.

연애 명언 속 육아 지혜 3 "나를 웃게 해주는 사람을 만나라."

함께 있을 때 기분이 좋은 사람에게 끌리는 것은 당연한 일이다. 나를 웃게 해주는 사람과는 계속 소통하고 마음을 나누고 싶어진다. 나를 늘 비판하고 위축되게 하는 사람이라면 기회가 있을 때 언제라도 떠나고 싶을 것이다.

육아도 마찬가지다. 가끔은 아이를 위한다는 이유로 온갖 육아 지식들로 무장하여 아이를 몰아세울 때가 있다. 대부분은 조급한 마음 때문이다. 당장 고쳐주지 않으면 큰일 날 것 같아서. 그런 시간이 지속되면 관계에 금이 간다. 좋은 관계를 쌓아놨다면 얼마든지 긍정적으로 소통할 수 있다. 아이가 아이다울 수 있게 유쾌하고 여유 있게 이끌어주는 부모가 되자.

연애는 노력해야 유지할 수 있으므로 모두가 좋은 연인이 되고자 노력한다. 반면 부모와 자식 간의 관계는 거저 주어지는 것이라 자칫 소홀하기 쉽다. 엄마가 애쓰지 않아도 아이는 엄마라는 이유만으로 나를 우주처럼 사랑하기 때문이다.

그러나 시간이 지나면 다르다. 언젠가부터 아이는 엄마를 객관적인 눈으로 바라보기 시작한다. 다른 엄마들과 비교하기도 한다. 아이가 맹목적인 사랑의 옷을 벗는 그날에도 여전히 우리는 아이에게 좋은 사람으로 남을 수 있어야 한다.

말이 통하는 사람, 상호 존중하는 관계. 그래야만 혼란의 사춘기에도 아이의 마음속에 버팀목으로서 존재할 수 있다. 아이가 도움이 필요할 때 언제라도 엄마를 찾을 수 있게.

육아는 관계다. 육아는 내게 주어진 과제가 아니라 그냥 아이와 내가 함께 살아가는 관계다. 나를 편안하게 해주면서도 성장시켜주는 너무나도 멋진 이상형처럼, 나도 그런 엄마가 되고 싶다. 좋은 엄마 이전에 아이 곁의 '좋은 사람'이 될 수 있기를.

육아,
더 깊어지는 시간

엄마는 제너럴리스트

엄마라는 역할은 한동안 나의 모든 자유를 박탈했고, 나는 육아에 아주 많은 시간과 에너지를 쏟아야 했다. 아이 때문에 아무것도 못 한다며 울부짖는 날도 있었다.

그러나 내가 얻은 것이 얼마나 많은가. 육아의 기쁨이 어떻고, 사랑 나부랭이 블라블라를 떠나서 아이를 키우는 시간은 진짜로 나를 성장시켰다.

육아라는 것은 극한 경험의 집합체이다. 극도의 행복감과 극도의 우울감이 동시에 찾아오기도 하며 깊은 자아 성찰과 감정 조절의 세계로 엄마들을 안내한다. 생전 못 하던 일들에도 도전해야 하고, 평생 기피

하던 일들과도 마주쳐야 한다.

한계에 부딪혀도 아이로부터 도망칠 수 없기에 어떻게든 돌파할 방법을 찾는다. 몸 근육, 마음 근육, 뇌 근육까지 혹독하게 훈련이 된다. 육아는 내 안에 있는 모든 자원을 하나도 빠짐없이 총동원하게 만들어 나를 밀어 올린다.

엄마들은 아이를 키우며 바보가 된 것 같다고 말하지만, 인지적으로는 정체할지 몰라도 비인지 능력은 몰라보게 발달하고 있을 것이다. 우리가 아이들에게 가르치려 애쓰는 회복 탄력성, 인내, 메타 인지, 문제 해결력, 자기 조절력 등이 길러지며 자기도 모르는 사이에 인격적으로 성숙해진다.

베스트셀러 작가이자 저널리스트 데이비드 엡스타인은 인생의 전반부에서 여러 경험을 쌓으며 지내다가 뒤늦게 한곳에 정착한 늦깎이 제너럴리스트들의 성공에 주목한다.* 천천히 올라간 사람들이 더 성공적일 수 있다는 내용이다.

성장하면서 다양한 경험과 관점을 받아들인 제너럴리스트는 폭넓은 견문과 관심사를 바탕으로 창의성을 발휘하고 보다 큰 그림을 그릴 수 있다고 한다. 전혀 다른 분야의 지식을 연결하고

---

*『늦깎이 천재들의 비밀』(데이비드 엡스타인 지음, 열린책들)

유추하고 종합하는 데 탁월하기 때문이다.

    이 시대의 엄마들이 떠올랐다. 아이를 키우려면 숲도 보고 나무도 봐야 한다. 환경도 살펴야 하고 나와 아이의 내면도 놓쳐선 안 된다.

    때로는 감성을 발휘하고 때로는 이성을 내세워야 한다. 가끔은 몸을 움직이고 가끔은 마음으로 다가가야 한다. 밀어붙일 때를 알고 물러설 때를 배운다.

    발달 전문가는 아이의 발달에 집중하고 학습 전문가는 아이의 공부에 집중하지만 엄마는 이 모든 걸 두루두루 살피는 제너럴리스트여야 한다.

    아이의 정서, 발달, 생활 습관, 사회성, 학습, 건강 등 뭐 하나 놓칠 수가 없으니 엄마들은 이 모든 분야를 종합하고 연결한다. 하루하루가 제너럴리스트가 되기 위한 훈련이다.

    난 그동안 엄마로서의 정체성에 충실했다. 내 인생이 뒷전이어서가 아니라 육아라는 깊이 있는 경험이 주는 힘을 느꼈기 때문이다.

    한 사람을 키워낸다는 건 정말이지 귀한 일이다. 그 어떤 스펙보다 나를 더 깊고 알차고 단단하게 만든다. 이 시간에 충실할 수 있다면 앞으로 못 할 게 없겠단 생각이 든다.

앞으로 내 삶이 어떻게 펼쳐질지 나는 모른다. 분명한 건 육아 이전의 나와 이후의 나는 다른 사람이라는 것이다.

얼핏 보기엔 잃은 게 많아 보이지만 전에 없던 내실이 생겼다. 앞으로 무슨 일을 하게 되든, 그것이 소소한 일이든 거창한 일이든 나는 한층 깊어진 통찰력을 발휘하리란 것과 내가 어떤 사람인지 알고 그에 맞게 행복한 삶을 꾸려나가리란 것을 믿는다.

점차 내 일상에 나의 비중이 커져가는 시점. 나는 이제 내 앞날을 고민해 보려 한다. 현재의 나는 이전보다 믿음직스럽다.

키워줘서 고마워, 아들.

나는 예민한 엄마입니다

나답게
나아가기

두 번째 인생을 살다

엄마들은 아이의 좁고 제한된 세상에 머물며, 치열하게 사회생활을 하는 동안 생각지 못한 진짜 나를 발견한다.

내가 무얼 좋아하고 무얼 싫어하는지, 내가 어떨 때 분노하고 어떨 때 만족하는지, 내가 어디까지 감당할 수 있고 어디서부터 무너지는지, 나는 어떤 욕구가 강하며 어떤 감정을 숨기고 살았는지, 내가 어떤 사람인지 알게 된다. 엄마가 되지 않았더라면 몰랐을 나 자신을.

육아는 내게 **세상을 아이처럼 다시 살아볼 기회를 주었다.** 에릭슨의 심리사회적 발달 이론에 따르면 본래 인간은 영유아기에 신뢰감, 자율성, 주도성을 발달시키고 이후 학령기부터 청소년기까지 근면성과 자아 정체감을 발달시킨다. 이 발달 단계들을 잘 거쳐야 심리사회적으로 건강한 성인이 될 수 있다.

하지만 우리 세대에 이것들을 잘 해낸 사람은 드물 것이다. 특히 자아 정체감이 발달하는 시기인 청소년기에는 입시 공부에 치여 자신을 생각할 틈이 없다.

육아는 엄마들에게 이 발달 단계들을 다시 한번 꾹꾹 밟을 기회를 주는 게 아닐까? 나는 아이와 진하게 안정 애착을 맺으며 신뢰감을 다시 새겼다.

아이는 단지 엄마라는 이유 하나만으로 나를 조건 없이 사랑해 주었다. 아이의 사랑은 내가 경험한 그 어떤 사랑보다 아가페적이었고 외로웠던 내 마음을 넘치게 채워줬다.

또한 내 기준보다 남의 기준을 우선하며 살던 내가 아이를 키우면서 자율성과 주도성을 획득했다. 내 아이는 고유했고 나도 고유한 엄마임을 알게 되었기 때문이다. 아이의 고유함과 나의 고유함을 맞춰가며 우리 둘만의 고유한 육아 길을 개척해 나갔다.

그리고 근면성. 처음으로 누가 시켜서가 아닌 내적 동기에 의해서 공부했다. 육아 공부는 곧 인생 공부였다. 아이에게 좋은 엄마가 되고 싶다는 일념으로, 마음의 본질을 탐구하며 성장했다. 아이에게 좋은 엄마가 되고 싶다는 일념 하나로 열심히 임하여 기쁨을 맛보았다.

다음은 가장 중요한 자아 정체감인데 사실 청소년기에 자아 정체감을 확립한 사람이 몇이나 되겠는가? 우리는 아마도 자기 개념이 부족하기에 그토록 외부의 기준에 휩쓸려 불안했던 것 같다.

만약 청소년기에 자아 정체감이 제대로 형성되지 않았다면 대안적인 탐색을 계속하는 심리적 유예기를 가지는 것이 바람직하다고 한다. 그래야 이후의 친밀감 단계에서 타인과 건강한 관계를 맺을 수 있고, 생산성 단계에서 유익한 생산성을 발휘할 수 있으며, 마지막으로 인생의 노년기에 찾아오는 자아 통합 단계에서 인생을 후회 없이 살았다는 만족감을 느낄 수 있다.

아이를 키우는 길고 지루한 시기는 엄마들에게 못다한 정체감 확립에 필요한 심리적 유예기를 주는 것 같다. 그동안 나에 대해 이렇게 깊이 성찰할 기회가 있었는가?

아이를 키우다 보면 스스로에게 삶의 근본적인 물음을 던지게 된다. '나는 어떻게 살고 싶은가?' 결국 아이를 어떻게 키울까에 대한 고민은 내가 어떻게 살 것인가에 대한 고민과 같다.

이리저리 휘둘리고 흔들리다 보면 그것이 내 삶에 확신이 없어서라는 걸 깨닫게 되며, 치열한 고민과 자기 성찰 끝에 어느새 엄마라는 자리는 우리를 심지 굳은 나무처럼 뿌리내리게 한다.

육아는 나를 잃는 시간이 아니었다. 지나고 보니 육아는 나를 찾는 시간이었다. 아이는 나를 키워주는 제2의 부모였다. 나는 육아라는 울타리 안에 머물며 외부와 차단된 동안 나를 만났다. 이전과는 다른 존재가 됐다고 느낄 만큼 한 단계 업그레이드된 내 모습이 좋다.

육아는 인생의 꽃이며, 다시없을 성장의 기회이다.

육아는 나를 찾는 시간이었다.

굿 이너프 라이프

불완전하더라도 나답게!

아이를 키우느라 수백 권의 육아서와 심리서를 읽으며 내가 심리와 상담 분야에 관심이 많다는 것을 알게 되었다. 한때는 내 적성을 미리 파악하지 못한 게 아쉬웠다. 심리학과나 상담학과에 갔더라면 적성을 살릴 수 있었을 텐데. 그렇지만 꼭 그럴까?

어쩌면 나는 좋은 심리학자나 상담가가 되었을 수도 있지만, 어쩌면 아닐 수도 있다. 그 학문에 관심이 있다고 해도 직업적으로 잘하는 건 또 다른 문제니까.

분명한 건 내가 학문적 지식이 없는 채로 내 삶을 통해 그에 부딪히고 알아가는 과정이 참 재밌었다는 것이다. 아이를 키우며 나의 내면에서 절실함이 올라왔고, 그래서 나는 적극적으로 공부하고 감탄하며 생생히 나눌 수 있었다.

미리 알고 있었더라면 이 정도로 리얼하게 현재 진행 중인 감정을 파고들어 공유하지 못했을 것이다. 그래서 나는 편하게 글을 쓸 수 있었다. 내가 전문가가 아니었기에 엄마들의 편안한 커뮤니티를 만들 수 있었고, 내가 어리숙했기에 같이 성장해 나가는 재미가 있었다.

'아이를 있는 그대로 사랑하자.'는 모토로 시작했던 카페는 수많은 엄마의 이야기가 쌓이면서 '나를 있는 그대로 사랑하자.'로까지 확장되었다. 아이를 잘 키우려고 공부한 모든 것이 나에게도 적용되었다. 세상에 나쁜 기질은 없다는 것, 모든 기질은 장점이 있다는 것.

그런 눈으로 아이를 바라보자 비로소 아이가 가진 고유의 빛깔이 보였다. 덕분에 아이를 믿어줄 수 있었고, 아이는 생긴 대로 개성대로 행복하게 자라고 있다. 이제는 나 스스로를 그런 다정한 눈으로 바라봐주고 싶다. 나만의 색깔을, 나만의 강점을 인정해 주고 싶다. 그리고 잘할 수 있다고, 나답게 나아갈 수 있다고 응원해 줘야지.

단점으로만 여겼던 나의 까칠함이 아이를 키우며 빛났다. 나는 당시 유행하던 '편하게 가자.'라는 육아법에 불편함을 느꼈고, 특히 내 아이와 맞지 않는다고 생각했다. 까칠함은 비판능력이 되어 내 아이에게 맞는 육아법을 찾아낼 수 있게 해주었다.

평생 불편한 점으로만 여겼던 나의 민감함이 아이를 키우며 빛났다. 나는 민감하게 내 감정을 파고들었고 이를 글로 적을 수 있었다. 뚜렷한 솔루션을 제공하는 것도 아닌데 육아 감정을 읽어주는 것만으로도 엄마들이 위로를 받는 것을 보고 적잖이 놀랐다. '예민함이 진짜로 재능이 될 수 있구나.' 책으로만 읽었을 때는 와 닿지 않았는데.

심지어 과거의 상처들조차 내 성격과 어우러져 조화를 이루고 있었다. 그래, 신이 나에게 이 정도의 예민함을 이유 없이 주셨을 리는 없겠지. 나는 있는 그대로의 나로서 살고 싶어졌다.

나를 닮은, 예민한 아이를 있는 그대로 사랑하는 법을 배우며, 나 자신을 있는 그대로 수용할 수 있게 되었다.

나는 불안하고 민감한 사람이다. 과도한 감성에 압도될 때도 많다. 가끔은 충동적이고 가끔은 겁쟁이다. 어린 시절 사진 속 잔뜩 긴장한 내 모습이 여전히 내 안에 살고 있다. 하지만 그때와 달라진 점은 내가 나를 정확히 직시하고 있다는 것, 나 자신을 알고 이해하고 수용한다는 것.

잘난 사람이 잘 사는 모습은 재미없지 않나? 이렇게 완벽하지 않은 불안정하고 불완전한 내가 잘 살아내는 모습을 보여주고 싶다. 나의 아이에게, 또 어린 나처럼 불안한 아이들에게 그리고 나와 같은 엄마들에게.

나는 불안한 만큼 생각을 잘한다. 나는 긴장하는 만큼 준비를 잘한다. 나는 민감한 만큼 지각력이 좋다. 나는 감성적인 만큼 다정하다. 나는 충동적인 만큼 열정적이다. 나는 여전히 여리고 흔들리는 영혼이지만 매일 조금씩 더 단단해지고 있다. 그리고 그런 내가 어여쁘다.

엄마됨은 기회다. 인생을 다시 처음부터 살며, 진짜 나를 찾을 수 있는 기회. 부동산이나 주식에 처음 입문한 사람을 '부린이', '주린이'라고 부르듯, 엄마들은 아이를 키우며 어느 순간 '나린이'가 된다. 나를 새롭게 만나는, 나에 대한 초심자가 된다는 뜻이다. 다시 시작하는 나로서 나는 무엇을 할 때 행복한가.

새로이 나를 알게 되며, 너무너무 하고 싶은 일이 생겼는가? 그렇다면 그것, 아이를 키우며 정신없이 바쁜 와중에도 놓지 못한 그것이야말로 일생일대의 꿈일지 모른다. 아이를 키우며 도태됐다는 절망에서 살짝 벗어나도 될 것 같다.

이제 경력 단절은 전업주부만의 고민이 아니다. 코로나19로 인해, AI 시대로 인해 많은 일자리가 사라지고 생겨난다. 하나의 직업을 가지고 은퇴할 때까지 쭉 가는 시대는 어차피 막을 내리고 있다.

누구나 크리에이터가 될 수 있고, 누구나 창업할 수 있고, 누구나 작가가 되고 강사가 될 수 있는 시대. 아이를 어느 정도 키워 놓은 엄마들에게 예전보다 유리한 환경이 됐다.

그 무엇도 소재가 될 수 있다. 육아 우울증을 쏟아낸 일기도 에세이가 되는 세상이다. 우리가 아이를 키우며 겪은 모든 경험과 감정이 스토리가 된다. 더 깊고 유능해진 우리를 믿자.

딱히 거창히 하고 싶은 일이 없다? 그것도 좋다. 육아를 통해 '나다운 행복'을 배웠을 터. 그것이 일이든 살림이든 독서든 공부든 종교활동이든 봉사든 자기관리든 취미든 가족을 돌보는 일이든, 무엇이 나를 행복하게 하는지 알면 된다.

주어진 기준대로가 아닌, 다른 이의 조건을 달지 말고 나다운 행복을 누리자. 나다운 행복, 그것이야말로 굿 이너프 라이프.

✦ 육아가 너무 힘든 순간 ✦

육아가 너무 힘든 순간
내 안의 마녀가 나오려는 순간
사춘기가 된 아들을 떠올려본다.

더 이상 엄마에게 재잘대지 않는
스킨십은 남사스러워져 버린
다 큰 아이를 떠올려본다.

어디니, 톡을 해볼까
뭐 필요한 거 없니, 말 걸어볼까
고민하다가 고이 접는 마음.

놀이터에서 재잘대는 어린아이들을 볼 때면
그 시절 나의 꼬맹이가 얼마나 생각날까.

그런 건조하고 공허하고
무채색인 나날들을 살다가
딱 하루, 다시 너의 유년 시절로 돌아오는
마법 같은 선물이 오늘 주어졌다고 상상해 본다.

휘리릭, 감정이입이 완료되면
그때부터 아이의 귀찮은 장난이
눈물겹도록 사랑스럽게 느껴진다.

지겨운 '엄마! 엄마! 엄마!'가
가슴 시리도록 고맙다.

오동통통한 배를 만질 수 있어 감사하고
고사리 같은 아이 손을 닦아주는 일도 감동이 된다.

사랑한다고 맘껏 말할 수 있고
언제든 뽀뽀할 수 있는 오늘이
얼마나 큰 선물인지 깨닫는다.

내 품에 안기고, 놀자 놀자 하는 게
얼마나 기적 같은 일인지.
아이와 함께 보는 하늘, 나무, 공기조차
얼마나 아름다운지.
그 생각으로 품에 안겨 잠든 아이를 보면
형언할 수 없는 감정이 올라온다.

오늘로 딱 하루의 마법이 끝난다면?
생각만 해도 가슴이 철렁.

다행히 내일도
이 아이가 같은 모습으로
생긋 웃으며 품을 파고들겠지.

엄마가 제일 좋아~♡ 하면서.

| 에필로그 1 |

그리고 내일의 너

 정신없이 살다 보니 눈 깜짝할 새 아이는 한 살씩 자랐다. 육아하는 하루하루는 긴데, 일 년은 왜 이리 쏜살같이 흐르는지. 기지도 못 하던 녀석이 방방 뛰어다니고, 옹알이도 못 하던 녀석이 쫑알쫑알 입을 쉬지 않는다.
 어릴 때 그토록 좋아했던 인형들을 쳐다보지도 않고, 손때 묻은 장난감들을 아무렇지 않게 버리라고 한다. 아기 때 백 번은 족히 읽어줬던 책은 기억도 안 난다고 한다. "정말? 이거 네가 얼마나 좋아했던 건데, 엄마랑 이렇게 저렇게 엄청 놀았잖아. 이 인형은 네가 너무 좋아해서 차 탈 때마다 갖고 나갔잖아. 이 책은 네가 잘 때마다 갖고 오던 건데…." 아이는 어깨를 으쓱할 뿐 시큰둥하다. '뭐야, 내 머릿속엔 그 모든 기억이 생생히 반짝이고 있는데….'

"조금씩 잊혀져 간다
머물러 있는 사랑인 줄 알았는데
또 하루 멀어져 간다
매일 이별하며 살고 있구나"

「서른 즈음에」(김광석)

 아기에서 어린이로 변하는 과도기가 가장 애달팠다. 숨 막히게 사랑스러운 나의 아가와 영영 이별하는 느낌이라 덜컥 겁이 나곤 했다. 아, 진짜 얼마 안 남았구나. 두 손 가득 움켜쥐어도 손가락 사이로 흘러내리는 한 줌의 모래알처럼, 아이와의 시간이 조금씩 달아나는 것 같았다.

 머물러 있는 사랑인 줄 알았는데 조금씩 잊혀 가고, 또 하루 멀어져 가고, 너와 매일 이별하고 살고 있다는 게, 알고 있었지만 왠지 나와 상관없는 얘기처럼 느껴졌던 것들이 한꺼번에 정신없이 후두두 몰려왔다.

 '에잇, 쿨해야 하는데. 어쩌겠어, 난 원래 쿨하지 못한 사람이야. 난 무지 뜨거운 사람이라고. 네가 나를 이렇게 길들여놨잖아. 적응할 시간이 필요해.'

 그러나 아무도 말해주지 않았다. 축구장에서 땀 흘리는 네 모습이 이렇게 멋지리라고, 혼자서 제법 컵라면을 끓이는 모습이 이토록 기특하리라고, 서로 개그를 던지며 깔깔거리는 시간이 이만큼 즐거우리라고. 상상도 하지 못했다.

아장아장 동글동글 아기 곰 같던 너는 사라졌지만, 어느새 키가 내 허리만큼 큰 꽤나 듬직한 녀석이 곁에 있다. 엄마는 요리를 못한다고 능글맞게 놀리며 나를 발끈하게 만든다. 그리고 우리는 함께 배를 잡고 웃는다.

할 얘기가 많아진다. 장난스런 눈빛을 교환하는 시간이 늘어간다. 때로는 신경질을 내며 싸우기도 하고, 그러다 스리슬쩍 간식을 먹으며 화해한다. 제법 내 고민 상담도 잘 해준다. 생각하지도 못한 현명한 답으로 나를 놀라게 할 때가 있다.

이쪽저쪽 등을 긁어달라며 들이민다. 여전히 작디작은 네 등인데, 보이지 않는 네 마음과 생각은 몸보다 훨씬 많이 자랐구나.

이 모습으로 내 곁에 있을 날도 많지 않겠지. 금세 자라서 그때는 어린이도 아닌 한 발짝 멀어진 소년, 청년의 모습으로 서로의 삶 어딘가에 함께 있겠지. 그때 나와는 어떤 관계이려나.

엄마가 너무 좋아 어쩔 줄 모르는 이 진하디 진한 사랑은 이제 정말 얼마 안 남은 걸 알기에 아깝고 귀하다.

하루하루 어제의 너와 이별하지만, 하루하루 내일의 너를 만나고 있다. 어린 너와의 헤어짐은 아쉽지만, 자라는 너의 새로운 모습들에 가슴이 설렌다.

훌쩍 커서 내 품을 떠난 너를 상상해 본다. 내가 없는 너만의 세상, 아쉽지만은 않다. 친구들과 여행을 가는, 아르바이트에 도전하는, 여자 친구를 다정히 챙기는 너를 보며 내 가슴은 또 벅차게 행복할 것 같다.

언젠가 네가 널 닮은 아이를 낳는다면 우린 또 할 얘기가 많아지겠지. 그 아이를 보며 어린 너를 떠올리겠지.

그날이 오면 너와 나의 진했던 이 시절의 추억을 다시 꺼내어 보자. 너의 머나먼 기억 속에도 젊은 엄마와의 시간이 좋은 기억으로 자리 잡고 있기를.

| 에필로그 2 |

너를 사랑하며 나를 사랑하게 되었어

아이를 온전히 사랑하는 것 그리고 나를 온전히 사랑하는 것. 무엇이 먼저라고 할 수 없을 정도로 둘은 밀접하게 붙어 있다. 내가 싫어하던 내 모습을 꼭 닮은 네가 그 모습 그대로도 찬란히 빛나는 사랑스러운 존재란 걸 알게 되었고, 나는 너를 사랑하며 나를 사랑할 수 있게 되었다. 불안한 사람만이 가진 깊이, 민감한 사람만이 가진 색깔, 상처 있는 사람만이 가진 향기까지.

아이와의 안정 애착을 통해 내가 회복되는 경험은 놀라웠다. 애정의 결핍은 사랑을 받음으로써도 채워지지만 사랑을 쏟음으로써도 채워진다 했던가. 나는 내가 받고 싶은 사랑을 가감 없이 퍼부었고, 사랑하는 만큼 마음 놓고 사랑해도 되는 경험은 내 마음을 치유해 주었다.

그리고 아이는 그 사랑을 두 배로 갚아주었다. 징글징글한 아이의 사랑은 내 마음속 구멍들을 메우기에 충분했다. 보통 부모의 사랑을 아가페 사랑에 비유하는데, 사실 진정한 아가페 사랑은 오히려 아이의 사랑이 아닌가 싶다. 그저 엄마라는 이유만으로 내가 못났건 잘났건 재지 않고 조건 없이 온전한 사랑을 쏟아주는 존재. 우리는 생각보다 큰 걸 아이에게 받고 있다.

만약 아이와 안정 애착에 실패했다고 느끼는 사람이 있다면 지금 다시 시작해도 늦지 않다 말하고 싶다. 아이는 언제라도 부모가 진심으로 다가가면 사르르 마음을 여는 존재니까. 그 온전한 사랑을 받아들이고 누린다면 분명 치유가 있을 것이다.

사랑하는 나의 아이야,
엄마는 이미 세상에서 가장 귀한 선물을 받았어.
엄마가 주기만 했다고 생각했는데, 아니었더라.
네가 쏟아주는 사랑이 엄마를 지탱하고 더 똑바로
설 수 있게 해줬더라.

너무나 사랑하는 나의 아이야,
네 덕분에 엄마는 충만하고 단단해졌단다.
그동안 단점이라 여기고 살아왔던 특성들이

그 자체로 아름답다는 걸 너를 보며 알게 되었어. 엄마의
삶은 한결 더 다채로워졌고, 그 중심에는 네가 있었단다.

너무나 너무나도 사랑하는 나의 아이야,
너를 만나고 엄마는 다시 태어난 기분이야.

너와 함께한 진하디 진한 몇 년간의 경험은 엄마의 인생을
바꿔놓았어. 너와 함께 새로운 세상을 살게 해줘서 고마워.
너의 맑은 빛에 물들 수 있게 해줘서 고마워.

어느새 서서히 엄마 품을 벗어나고 있는 아이야,
너처럼 멋진 아이와 한생을 함께할 수 있다는 건
생애 최고의 선물이란다.

이제는 엄마 품이 아닌 엄마 옆에서 함께 손잡고 걷자.
점차 손을 놓고, 멀어지고, 다른 사람의 손을 잡게 될 때까지,
엄마는 네게 받은 사랑을 충만히 돌려주며 지낼게.
언제든 닿을 수 있는 적당한 거리에 있을게.
언제라도 너의 안전 기지가 되어줄게.
어린 네가 나의 안전 기지가 되어주었듯이….

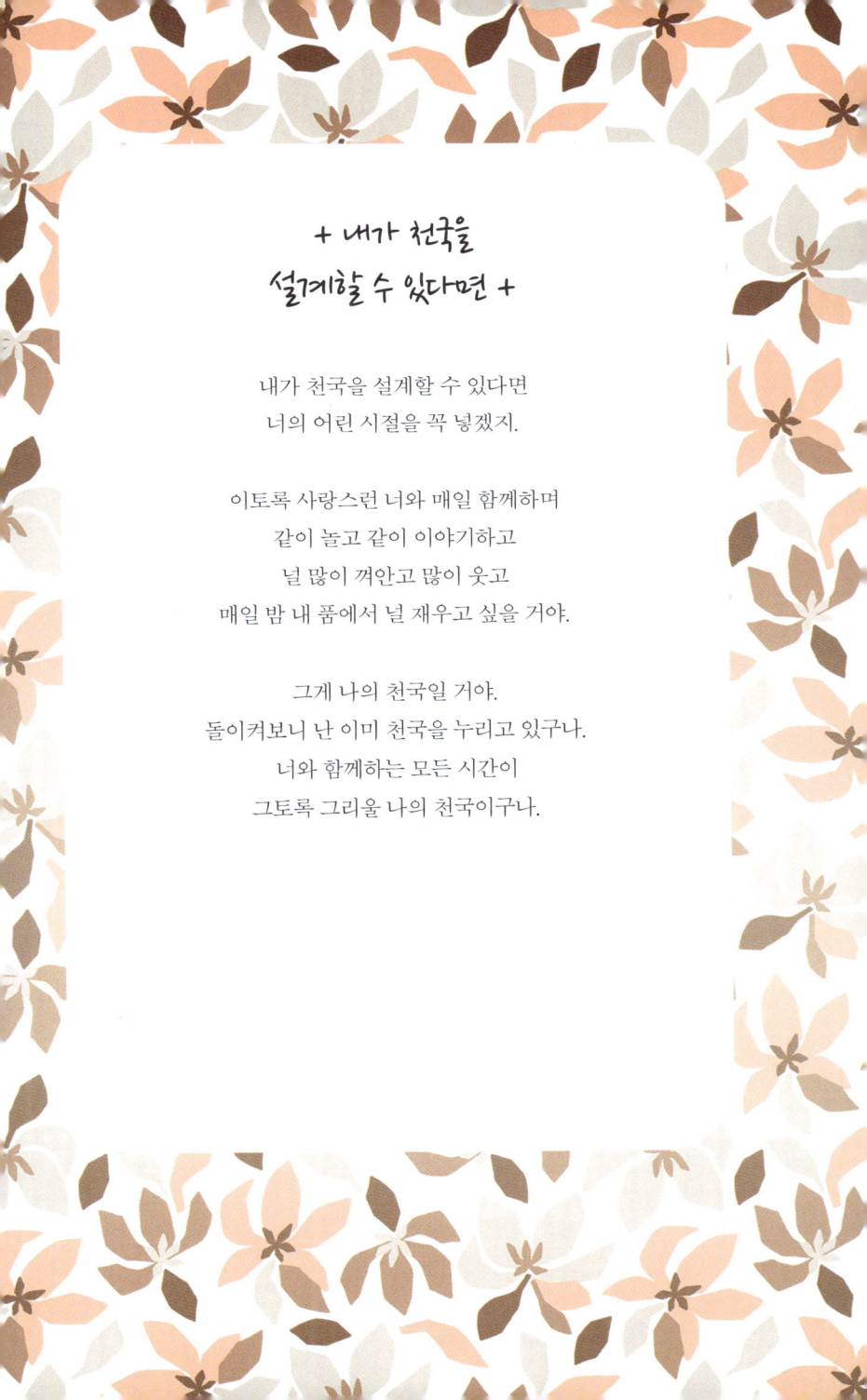

+ 내가 천국을
설계할 수 있다면 +

내가 천국을 설계할 수 있다면
너의 어린 시절을 꼭 넣겠지.

이토록 사랑스런 너와 매일 함께하며
같이 놀고 같이 이야기하고
널 많이 껴안고 많이 웃고
매일 밤 내 품에서 널 재우고 싶을 거야.

그게 나의 천국일 거야.
돌이켜보니 난 이미 천국을 누리고 있구나.
너와 함께하는 모든 시간이
그토록 그리울 나의 천국이구나.

나는 예민한 엄마입니다

1판 1쇄 발행 2021년 11월 30일
1판 6쇄 발행 2024년 7월 12일

지은이 송희재
펴낸이 이수정
펴낸곳 북드림

기획 및 진행 신정진, 김재철
등록 제2020-000127호
주소 경기도 남양주시 다산순환로20 C동 4층 49호
전화 02-463-6613 | **팩스** 070-5110-1274
도서 문의 및 출간 제안 bookdream@bookdream.kr

ISBN 979-11-91509-24-3 (13590)

※ 책값은 뒤표지에 있습니다.
※ 잘못된 책은 구입처에서 교환해 드립니다.